Künstliche Intelligenz (KI) hat längst Einzug in unseren Alltag gehalten und begegnet uns in Bereichen wie Medizin, Kommunikation und zunehmend auch im Kunstunterricht. Doch wie kann KI im Bildungsbereich tatsächlich zur Erweiterung des kreativen Horizonts beitragen? Dieser Frage widmet sich das vorliegende Magazin, das Einblicke in die Möglichkeiten und Herausforderungen der KI in der Kunst gibt.

COGITO Ausgabe Nr. 02
© 2025 Bettina Gärtner und Rich Powers,
Verlag: BoD · Books on Demand GmbH,
Überseering 33, 22297 Hamburg, bod@bod.de
Druck: Libri Plureos GmbH,
Friedensallee 273, 22763 Hamburg

ISBN: 978-3-7583-3988-2

WAS DENKST DU CHATGPT?

Was verstehst du unter Kunst küsst KI?

"Kunst küsst KI könnte auf verschiedene Weisen interpretiert werden, da es eine kreative und offene Formulierung ist. Hier sind einige mögliche Bedeutungen:

1. <u>Künstliche Intelligenz in der Kunst:</u>
Dies könnte bedeuten, dass Künstliche Intelligenz (KI) als Werkzeug oder Medium in der Kunst eingesetzt wird. Künstler könnten KI-Algorithmen verwenden, um Kunstwerke zu generieren, Musik zu komponieren oder andere kreative Projekte zu realisieren.

2. <u>Interaktion zwischen Mensch und KI in der Kunst:</u>
Vielleicht bezieht sich der Ausdruck darauf, dass KI und menschliche Kreativität miteinander verschmelzen oder interagieren. Das könnte in Form von gemeinsamen Projekten, in denen Künstler und KI-Systeme zusammenarbeiten, geschehen.

3. <u>Kunst als Ausdruck von KI-Ideen oder -Konzepten:</u>
Es könnte auch bedeuten, dass Künstler KI als Thema in ihrer Kunst behandeln. Sie könnten versuchen, Konzepte der Künstlichen Intelligenz, wie maschinelles Lernen oder Robotik, in ihren Arbeiten zu erforschen oder darzustellen.

Insgesamt ist "Kunst küsst KI" offen für Interpretationen und könnte in verschiedenen Kontexten verwendet werden, um die Beziehung zwischen Kunst und Künstlicher Intelligenz zu beschreiben

ChatGPT

Vorwort
Natalie Boos

Was verstehst du unter Küssen?

Der Begriff "küssen" bezieht sich normalerweise auf eine zärtliche Geste, bei der zwei Personen oder auch Dinge sich durch Berührung mit den Lippen ausdrücken. Küssen kann verschiedene Bedeutungen haben, einschließlich romantischer Zuneigung.
Liebe, Leidenschaft, aber auch Freundschaft oder Zuneigung zwischen Familienmitgliedern. Es ist eine kulturell vielfältige Handlung und kann je nach Kontext und kulturellen Normen unterschiedliche Bedeutungen haben.

Es ist wichtig zu beachten, dass ‚Kunst küsst KI" metaphorisch verwendet wurde, und der Begriff "küssen" in diesem Zusammenhang wahrscheinlich auf eine symbolische Vereinigung oder Interaktion zwischen Kunst und Künstlicher Intelligenz hinweist, wie in meiner vorherigen Antwort erläutert.

Hast du schon einmal geküsst?

Nein, ich habe keine physische Form oder Erfahrung, also kann ich keine Handlungen wie das Küssen durchführen, Ich bin ein computerbasiertes Programm, das darauf ausgelegt ist, Informationen bereitzustellen und auf textbasierte Anfragen zu antworten. Wenn Sie weitere Fragen haben oder Informationen benötigen, stehe ich Ihnen gerne zur Verfügung.

INHALT

I.

Was ist KI und warum ist sie relevant in der Kunst?

Künstliche Intelligenz (KI) verändert zunehmend die Art und Weise, wie wir leben, arbeiten und lernen. Sie findet in vielen Bereichen Anwendung, sei es in der Industrie, der Medizin oder der Unterhaltung. Doch auch in der Kunst eröffnet KI neue kreative Möglichkeiten, die bisher unvorstellbar waren. Doch was genau ist KI? Vereinfacht gesagt handelt es sich dabei um Technologien, die in der Lage sind, eigenständig aus Daten zu lernen, Entscheidungen zu treffen und Aufgaben zu erledigen, die traditionell menschliche Intelligenz erfordern. Besonders im Kunstunterricht bietet KI spannende Perspektiven, die über klassische kreative Methoden hinausgehen.

Beispiele aus der Praxis, wo KI bereits im Kunstbereich genutzt wird (von bekannten Künstler*innen oder Museen)

Künstler*innen wie Mario Klingemann, Refik Anadol oder Anna Ridler haben gezeigt, wie KI die Kunstwelt revolutionieren kann. Ihre Arbeiten, die häufig auf maschinellem Lernen und neuronalen Netzwerken basieren, bringen Kunstwerke hervor, die völlig neue visuelle Welten erschließen. Museen wie das „Barbican Centre" in London haben bereits Ausstellungen zu KI-Kunst organisiert, die zeigen, wie weitreichend die Anwendungen von KI im künstlerischen Bereich sein können. Diese Beispiele verdeutlichen, dass KI nicht nur ein technisches Werkzeug ist, sondern auch als kreativer Motor für innovative, künstlerische Konzepte dient.

Im Kunstunterricht kann dies ein großartiges Beispiel dafür sein, wie Technologie als Erweiterung menschlicher Kreativität genutzt werden kann. KI bietet Schüler*innen die Möglichkeit, ihre Ideen auf völlig neue Weise zu visualisieren und gleichzeitig wichtige technologische Kompetenzen zu erlernen, die für ihre Zukunft von Bedeutung sein könnten.

Ein allgemeiner Überblick über Künstliche Intelligenz und ihre Anwendungsmöglichkeiten in der Schule

In der Schule kann KI das Lernen auf vielfältige Weise bereichern. Sie kann helfen, Unterrichtsmaterialien zu personalisieren, Schülerinnen mit besonderen Bedürfnissen zu unterstützen und komplexe Daten verständlich darzustellen. Im Kunstunterricht kann sie als kreativer Partner fungieren und Schülerinnen dabei unterstützen, neue künstlerische Ausdrucksformen zu entdecken. Zum Beispiel können durch maschinelles Lernen Bilder generiert werden, die auf menschlichen Eingaben basieren, aber völlig neue, oft unerwartete Ergebnisse liefern. Dies fördert nicht nur die Kreativität, sondern auch die Auseinandersetzung mit Technologie als Gestaltungsmittel.

Warum KI besonders im Kunstunterricht neue kreative Prozesse ermöglicht

Traditionelle Kunstformen wie Malerei oder Skulptur erfordern bestimmte handwerkliche Fähigkeiten. Mit KI eröffnen sich hingegen neue Wege, künstlerische Konzepte zu entwickeln, ohne dass man technische Meisterschaft in einem bestimmten Medium beherrschen muss. KI-gestützte Tools wie … ermöglichen es Schüler*innen, Bilder, Formen oder Klanglandschaften zu erstellen, die auf ihren Vorstellungen basieren, aber durch die algorithmische Kreativität erweitert werden. Die KI agiert hier nicht als bloßes Werkzeug, sondern als kreativer Kollaborateur, der unerwartete Impulse und neue Perspektiven in den Gestaltungsprozess einbringt.

II.

Künstler*innen,
die mit KI arbeiten

Die Verschmelzung von Kunst und Künstlicher Intelligenz hat eine neue Generation von Künstler*innen* hervorgebracht, die auf spannende Weise Technologie und Kreativität miteinander verbinden. Diese Künstler*innen* nutzen maschinelles Lernen, Algorithmen und neuronale Netzwerke, um Werke zu erschaffen, die ohne KI nicht möglich wären. Dabei entstehen neue ästhetische Konzepte, die uns herausfordern, die Definition von Kunst und Kreativität neu zu überdenken.

Refik Anadol verwandelt riesige Datenmengen in audiovisuelle Installationen. Seine Werke sind immersive Erlebnisse, die die Grenzen zwischen Kunst, Architektur und Datenvisualisierung verschmelzen lassen. Er nutzt KI, um Erinnerungen und Datenströme in bewegende visuelle Kunstwerke zu verwandeln.

Anna Ridler arbeitet mit Datensätzen und generativer Kunst, um Themen wie Geschichte, Natur und Künstliche Intelligenz zu erforschen. Sie erstellt oft ihre eigenen Datensätze und verwendet diese, um KI-Modelle zu trainieren, die aus diesen Daten wunderschöne, aber gleichzeitig nachdenklich stimmende Kunstwerke erzeugen.

Mario Klingemann ist ein deutscher Künstler, der für seine Arbeiten mit maschinellem Lernen und neuronalen Netzwerken bekannt ist. Er nutzt KI, um surreale, oft verstörende Porträts und Animationen zu schaffen, die immer wieder die Frage aufwerfen, ob Maschinen kreativ sein können.

Sofia Crespo lässt sich von der Natur inspirieren und nutzt KI, um hybride, surrealistische Kreaturen und organische Formen zu erschaffen. Sie beschäftigt sich intensiv mit der Schnittstelle zwischen Biologie und Technologie und hinterfragt, wie wir Natur im Zeitalter von Algorithmen wahrnehmen.

Analysen ihrer Werke und deren Bedeutung für die Kunstpädagogik

Die Arbeiten dieser Künstlerinnen bieten eine neue Perspektive auf Kunst und Technologie, die auch im Kunstunterricht von Bedeutung ist. Sie zeigen, dass Kreativität nicht mehr nur das alleinige Vorrecht des Menschen ist, sondern dass Maschinen neue ästhetische Möglichkeiten eröffnen können. Für die Kunstpädagogik bedeutet dies, dass KI-basierte Kunstwerke neue Wege bieten, um Schülerinnen zur Auseinandersetzung mit Technologie und Kunst anzuregen. Die Werke regen Diskussionen darüber an, was Kunst in einer digitalen und automatisierten Welt sein kann und wie Maschinen unsere Vorstellung von Kreativität verändern. Diese Fragen sind besonders relevant für junge Künstler*innen, die in einer Welt aufwachsen, in der Technologie eine immer wichtigere Rolle spielt.

Berichte über ihre Arbeitsweise und die Verknüpfung von Kunst und Technologie

Ein wichtiger Aspekt dieser Künstlerinnen ist die Art und Weise, wie sie Kunst und Technologie miteinander verknüpfen. In Interviews betonen sie oft, dass sie die KI nicht als bloßes Werkzeug sehen, sondern als kreativen Partner. Ihre Arbeitsprozesse umfassen die Kuratierung von Datensätzen, die Programmierung von Algorithmen und das Experimentieren mit neuronalen Netzwerken. Dieser interdisziplinäre Ansatz erfordert technisches Wissen, aber auch ein tiefes Verständnis für künstlerische Konzepte. Die Werke dieser Künstlerinnen entstehen oft in einem iterativen Prozess, bei dem Mensch und Maschine zusammenarbeiten, um etwas völlig Neues zu erschaffen.

KI im Kunstunterricht

Der Einsatz von Künstlicher Intelligenz im Kunstunterricht bietet viele neue Möglichkeiten, stellt jedoch auch Lehrkräfte und Schüler*innen vor Herausforderungen. Dieser Abschnitt beleuchtet sowohl die kreativen Potenziale als auch die ethischen und pädagogischen Fragen, die mit der Nutzung von KI im Kunstunterricht verbunden sind.

Künstliche Intelligenz eröffnet im Kunstunterricht völlig neue Wege: Schülerinnen können mit KI-Tools Bilder und Kunstwerke generieren, die sie ohne technische Unterstützung nicht hätten erstellen können. Die KI ermöglicht kreative Freiheit und personalisierte Lernwege, da Schülerinnen durch adaptive Systeme individuell gefördert werden können. Gleichzeitig stellt die Nutzung von KI Fragen nach der Originalität der Werke: Kann ein von der KI generiertes Kunstwerk als „echte Kunst" betrachtet werden? Wer ist der Urheber eines solchen Werks – der Mensch, die Maschine oder beide? Diese ethischen Fragen sowie die potenziellen Gefahren der Abhängigkeit von Automatisierung sind Themen, die diskutiert werden müssen.

KI als Brücke zur Zukunft der Kunst

Für Lehrende bedeutet dies, dass sie nicht nur technische Grundlagen vermitteln, sondern auch die Bedeutung und das Potenzial von KI als kreatives Medium aufzeigen können. Die Einbindung von KI in den Unterricht könnte somit ein Türöffner sein, um die junge Generation mit zeitgemäßen Arbeitsweisen vertraut zu machen und sie auf eine Welt vorzubereiten, in der Technologien wie KI eine zentrale Rolle spielen werden.

Abschließend bleibt festzuhalten: KI soll keine Bedrohung für die Kunst darstellen, sondern als unterstützendes und bereicherndes Werkzeug begriffen werden. Die Rolle der Lehrenden wird dabei entscheidend sein, um SchülerInnen und Studierenden diese Technologie als sinnvolle Ergänzung zu präsentieren – und sie dazu zu ermutigen, stets offen für neue Entwicklungen zu bleiben.

KI in der Lehre: Mehr als ein Trend

Doch wie können Lehrende diese Technologie sinnvoll in den Unterricht integrieren? Ziel ist es, die Neugier und Experimentierfreude bei Studierenden zu wecken und einen Raum zu schaffen, in dem das lebenslange Lernen im Fokus steht. Die Einführung von KI-Tools in den Kunstunterricht bietet eine Vielzahl von Anwendungsmöglichkeiten, darunter die Erstellung eigener KI-Kunstwerke. Diese Projekte ermöglichen es Studierenden, ihre kreativen Vorstellungen zu erweitern und sich mit innovativen Tools auseinanderzusetzen. Die Reflexion über die entstandenen Werke schult dabei nicht nur die künstlerische Kompetenz, sondern regt auch eine kritische Auseinandersetzung mit der Rolle und dem Potenzial der KI an.

Ein Projektbeispiel könnte etwa das Erstellen von Bildern sein, die auf Algorithmen basieren. Durch die Auseinandersetzung mit KI als „kreativer Partner" lernen Studierende, dass die Technologie ihre Kreativität ergänzt und inspiriert – jedoch nie ersetzt. Denn, wie es der Künstler Mario Klingemann formuliert: „Künstliche Intelligenz ist kein Ersatz für menschliche Kreativität, sondern ein Werkzeug, das unsere Fähigkeiten erweitern kann."

„Edmond de Belamy"

Die Kunst der KI –
Ein ungewöhnliches Auktionsstück

Das Bild „Edmond de Belamy" ist ein faszinierendes Beispiel dafür, wie KI die Grenzen traditioneller Kunst sprengt und neue Fragen zur Natur des künstlerischen Schaffens aufwirft. Entstanden ist das Werk 2018 durch das französische Kollektiv Obvious, das sich mit der kreativen Nutzung von Künstlicher Intelligenz auseinandersetzt. Sie nutzten einen Algorithmus – genauer gesagt, ein sogenanntes Generative Adversarial Network (GAN), eine Form von KI, die aus zwei Netzwerken besteht: einem Generator und einem Diskriminator. Das Zusammenspiel dieser Netzwerke erzeugte schließlich das markante, barockartige Porträt eines fiktiven Adligen, „Edmond de Belamy".

Das GAN wurde mit einer umfangreichen Datenbank von Porträts aus der Kunstgeschichte gefüttert. Der Generator des GAN erzeugte basierend auf diesen Bildern neue Porträts, die der Diskriminator wiederum bewertete und zurückwies, falls sie zu sehr von den historischen Vorlagen abwichen. Durch diesen kreativen Lernprozess entstand das fertige Porträt, das in vielerlei Hinsicht an Gemälde des 17. und 18. Jahrhunderts erinnert. Das Gesicht von „Edmond de Belamy" wirkt unfertig, fast nebelhaft; dennoch hat es eine tiefe Ausdruckskraft, die zu einer der zentralen Fragen führt: Können Algorithmen tatsächlich Kunst schaffen, oder imitieren sie nur Muster, die wir als kunstvoll empfinden?

Die Versteigerung bei Christie's im Oktober 2018, bei der das Bild für überraschende 432.500 Dollar verkauft wurde, lenkte weltweite Aufmerksamkeit auf das Werk und warf zahlreiche Diskussionen auf. Es war das erste Mal, dass ein KI-generiertes Werk in einem solchen Kontext präsentiert und verkauft wurde, und es markierte einen Wendepunkt in der Kunstwelt. Das hohe Gebot spiegelte nicht nur den Wert des Bildes wider, sondern auch die Faszination und das Unbehagen, das KI in der Kunstwelt hervorruft. Kunsthistoriker und Kritiker diskutierten, ob das Werk als „echte" Kunst gelten könne und was dies für die Zukunft der Kunst bedeutet.

Die Signatur des Bildes ist ebenfalls bemerkenswert. Statt eines Künstlernamens ist die mathematische Formel des Algorithmus auf dem Werk zu sehen. Diese Unterschrift betont, dass der „Schöpfer" des Bildes kein einzelner Künstler ist, sondern eine Form von Kollektivität und Technik, die den Schaffensprozess bestimmt. In gewisser Weise stellt „Edmond de Belamy" somit nicht nur ein Porträt eines fiktiven Menschen dar, sondern auch ein Porträt der Technologie selbst – ein Abbild der KI als neue, vielleicht noch fremde Kraft in der Kunst.

Lehrende können dieses Beispiel nutzen, um Studierende und SchülerInnen zum Nachdenken über die Rolle der Technologie in der Kunst anzuregen. „Edmond de Belamy" zeigt, dass KI nicht nur ein Werkzeug ist, sondern auch ein Medium, das uns auf eine ungewöhnliche Weise zur Reflexion über Kreativität, Urheberschaft und künstlerischen Ausdruck einlädt.

Diese Geschichte zeigt eindrucksvoll, dass KI nicht nur ein technisches Werkzeug ist, sondern ein Medium, das Menschen inspiriert und an die Grenzen der konventionellen Kunst führt. Auch Studierende beginnen zunehmend, diese Möglichkeiten zu entdecken: Laut einer Umfrage der Universität Darmstadt haben über 63% der Studierenden bereits KI-Tools genutzt. Die populärsten darunter sind ChatGPT und DeepL, was die Rolle der KI als Helfer und kreative Instanz im Alltag der jungen Generation unterstreicht.

PROJEKT: MERGING AI & VIRTUAL REALITY

Philipp Mulfinger | The Million Painter

In meinem neuesten Projekt habe ich die Grenzen zwischen Technologie und Kunst verschwimmen lassen und ein Experiment gestartet. Mit der Hilfe von Virtual Reality Zeichentools und Krea.ai habe ich einfache Skizzen von Städten in eine Fusion aus Echtzeit AI-Image-Generierung und Virtual Reality 3D-Modellierung verwandelt. Dann habe ich die Kreativität dieser beiden kraftvollen Tools mit Prompts und der subtilen Einflussnahme der KI weiter verfeinert und die Ergebnisse haben mich oft selbst in Staunen versetzt. Die Komplexität und Detailgenauigkeit, die aus dieser Fusion entstanden sind, sind schlichtweg atemberaubend. Das Experiment hat mir gezeigt, dass wir mit KI bald Dinge entwickeln können, die heute noch jenseits unserer Vorstellungskraft liegen. Es zeigt, dass die Zusammenarbeit zwischen Mensch und Maschine ungeahnte künstlerische Horizonte eröffnet.

DESIGN UND KÜNSTLICHE INTELLIGENZ – NEUE KREATIVE HORIZONTE IM KUNSTUNTERRICHT

Alisson Riek

KI als kreativer Partner

Die Verschmelzung von Künstlicher Intelligenz (KI) und Design bietet neue Möglichkeiten für kreative Prozesse. Digitale Werkzeuge wie Adobe Firefly, Photoshop und Illustrator nutzen generative KI, um künstlerische Arbeitsabläufe zu erweitern. Besonders spannend ist die Fähigkeit von KI, Ideen visuell umzusetzen und bestehende Designs zu transformieren. Doch welche Bedeutung hat diese Entwicklung für den Kunstunterricht?

KI-gestützte Kreativität: Von der Idee zur Umsetzung

Moderne KI-Tools ermöglichen es, künstlerische Prozesse zu beschleunigen, zu variieren und zu individualisieren. Durch die Nutzung von Prompts, also gezielten Anweisungen an ein KI-System, lassen sich Bilder generieren, Muster entwerfen oder bestehende Designs bearbeiten. Besonders Adobe Firefly erleichtert die Ideenfindung und unterstützt den Designprozess durch intuitive Steuerung und schnelle visuelle Ergebnisse.

Neben Firefly bietet Adobe Illustrator zusätzliche Möglichkeiten, KI-generierte Inhalte vektorbasiert zu optimieren, zu transformieren oder farblich anzupassen und Grafiken auf innovative Weise zu modifizieren.

Beispiele zu Adobe Firefly

Anwendung im Kunstunterricht und darüber hinaus

Um Schüler*innen an den kreativen Einsatz von KI heranzuführen, können folgende Konzepte im Schulunterricht und in außerschulischen Lernräumen umgesetzt werden:

1. KI im Kunstunterricht

- Prompting als kreatives Werkzeug: Schüler*innen entwickeln eigene Prompts und experimentieren mit den Ergebnissen in Firefly. Reflexion: Wie beeinflusst die Wortwahl die Bildgestaltung?

- KI-generierte Bilder als Inspiration für analoge Kunstprojekte: Eine KI-generierte Vorlage wird als Ausgangspunkt für eine Malerei oder Collage genutzt. Diskussion: Wo beginnt eigene Kreativität, wo endet maschinelle Unterstützung?

- Vektorbasierte Gestaltung mit KI: Erstellung von Symbolen, Mustern oder Szenen in Illustrator mithilfe generativer KI. Reflexion: Welche Möglichkeiten und Grenzen haben KI-generierte Vektorgrafiken?

- Farbanpassungen und Stilvariationen mit KI: Schüler*innen experimentieren mit „Generative Recolor" und untersuchen, wie sich Farbstimmungen in Bildern verändern. Diskussion: Wie beeinflusst Farbe die Bildwirkung?

- Ethische Fragen und KI in der Kunst: Reflexion über Urheberschaft, Originalität und künstlerische Autonomie in Zeiten der KI. Praxisaufgabe: Schüler*innen kombinieren eigene Zeichnungen mit KI-Elementen und reflektieren den kreativen Mehrwert.

2. KI-Workshops im Maker Space der experimenta

Neben der Integration von KI in den regulären Kunstunterricht bietet der Maker Space der experimenta Heilbronn eine ideale Umgebung, um sich vertieft mit KI-gestütztem Design und digitalen Technologien auseinanderzusetzen. In praxisorientierten Design-Kursen haben alle ab 14 Jahren die Möglichkeit, unterschiedliche Programme kennenzulernen und mit KI-Werkzeugen zu experimentieren.

Fazit: KI als Erweiterung künstlerischer Praxis

Die Integration von KI-Tools in den Kunstunterricht und in außerschulische Lernräume eröffnet neue kreative Ausdrucksformen und fordert gleichzeitig zur kritischen Auseinandersetzung mit maschineller Kreativität heraus. Schüler*innen lernen nicht nur den technischen Umgang mit KI, sondern entwickeln auch ein Verständnis für die Potenziale und Herausforderungen dieser Technologie.

MARC ENGENHART IM INTERVIEW

B: Das interdisziplinäre Projekt „Künstliche Intelligenz (KI) in Kunstvermittlung und englischer Literatur" zwischen der Universität Stuttgart und der Staatlichen Akademie der Bildenden Künste Stuttgart (ABK) zielt auf Lehramtsstudierende ab. Wir haben uns in Seminaren an beiden Hochschulen mit KI auseinandergesetzt, experimentiert, Ideen und Konzepte entwickelt, wie KI im Unterricht eingesetzt werden kann. Zudem war der Austausch und die Reflexion über Erfahrungen, Erlebnisse und Ergebnisse mit den verschiedenen KI-Tools ein wichtiger Teil der Seminare.

M: Genau, das Gespräch ist der erste Schritt, um Verständnis aufzubauen und Dialoge zu ermöglichen – sei es zwischen Menschen oder zwischen Mensch und Maschine. Generative KI, speziell Sprachmodelle, ermöglichen Dialoge und werfen die Frage auf, wie sie in Bildung und Erziehung sinnvoll eingesetzt werden können. Auch an einer Kunstakademie liegt der Fokus stark auf dem individuellen Dialog und der kritischen Reflexion, und das stellt eine Herausforderung dar, wenn man Lehre als direkten Austausch versteht. Sprachmodelle hingegen geben Antworten, ohne den konditionierten Austausch, den menschliche Lehrende bieten. Ich verstehe, dass die Kunstakademie hier besonders kritisch ist und eine klare Struktur hat – mit Lehramt, Kommunikationsdesign und freier Kunst. Es bleibt die Frage, wie und wann KI in diese Strukturen integriert werden kann, und wie sinnvoll es ist, darüber nachzudenken, ob sie möglicherweise den menschlichen Austausch ersetzt.

B: Du hast viele interessante Ansätze genannt, besonders zur Frage, wie wir KI nicht nur den Studierenden beibringen, sondern auch den Weg bereiten, dass sie dieses Wissen an Schüler*innen weitergeben können. Bisher ist es aber noch nicht in der Lehre implementiert.

M: Deine Ambition ist wirklich wertvoll. Es ist entscheidend, dass jemand versucht, das Thema in den Lehrplan zu bringen. Diese Technologie wird uns bleiben, auch wenn sie Risiken wie Missinformation oder Halluzination in Informationsarchitekturen birgt. Sie bringt Potenziale und kritische Herausforderungen mit sich, die in der Lehre geübt und im speziellen bedachten Fall angewandt werden müssen. Dabei ist es schwierig, wenn ein System suggeriert, es hätte nur richtige Antworten, denn das führt oft zu falschen Annahmen. In meinem Bereich als Designer vermittle ich jungen Kreativen erst mal, dass sie sich die KI-Technologie anschauen und kritisch reflektieren. Hätte ich in meinem Studium KI gehabt, ich hätte mich begeistert damit auseinandergesetzt. Jetzt ist die Gelegenheit, KI als Werkzeug zu nutzen, aber der Mensch muss weiterhin die Rahmenbedingungen, die Ideation, den Sinn und Kontext schaffen.

B: Es ist wichtig, sich wirklich mit KI auseinanderzusetzen, um zu verstehen, was sie leisten kann und wie sie genutzt werden kann. Ohne es auszuprobieren, bleibt es schwer, ein Urteil zu fällen – wie bei einem Essen, das man nicht gekostet hat.

M: Genau, das ist zentral. Viele reden über die Technologie und dass man sich damit befassen muss – wie wir jetzt. Aber kaum jemand erklärt beispielhaft, wie man das konkret angehen kann. Die Auseinandersetzung mit KI ist wirklich zentral, besonders für junge Menschen, die noch lernen, wie sie solche Werkzeuge nutzen und die eigene Gestaltungsvielfalt erweitern können. Oft hören wir viel über KI und ihre Möglichkeiten, aber selten wird wirklich erklärt, wie man sie konkret und sinnvoll im Alltag oder im Studium einsetzen kann. Viele sehen KI als eine Art „allwissendes" Werkzeug, das Antworten liefert – doch ohne die kritische Prüfung durch den Menschen kann das problematisch werden.

Ein kritischer Geist ist hier entscheidend. Wenn Studierende lernen, dass KI zwar Informationen liefert, aber diese immer im Kontext geprüft und reflektiert werden müssen, dann wird die Technologie zu einem wertvollen Hilfsmittel. Sie sollte kein Ersatz für eigenes Denken sein, sondern eine Unterstützung ist. Mit kritisch agiler Konfrontation lernen Studierende stattdessen, die Technik als Erweiterung ihrer Möglichkeiten zu sehen, die durch ihre eigene Kreativität und kritische Auseinandersetzung ergänzt wird.

B: Das klingt spannend!

M: Die Gefahr liegt in der Illusion, dass KI „alles weiß" und immer richtige Antworten liefert. Viele Menschen, besonders junge, nehmen maschinengenerierte Bilder oder Texte oft als authentisch wahr, ohne sie zu hinterfragen. In der visuellen Kommunikation ist das besonders heikel, weil Bilder eine starke Wirkung haben und schnell als „Wahrheit" verstanden werden, selbst wenn sie manipuliert sind.

Wenn Lehrende solche KI-Inhalte nutzen, können sie gezielt darauf hinweisen, wie leicht sich Realität verzerren lässt – etwa indem ein Bild eine bestimmte Emotion oder Reaktion hervorruft, die so gar nicht der Realität entspricht. Das kann bei Schülerinnen Verwirrung oder sogar Ängste auslösen. Daher ist es wichtig, Schülerinnen zu schulen, wie sie solche Inhalte kritisch betrachten und einschätzen können. So entsteht ein Bewusstsein für die Möglichkeiten und Risiken der Technologie, und die Lernenden lernen, KI nicht als Ersatz für eigene Überlegungen, sondern als unterstützendes Werkzeug zu sehen, das reflektiert eingesetzt werden muss.

B: Es ist wichtig, dass Schüler*innen verstehen, was KI leisten kann, aber auch, dass sie kritisch bleiben und nicht alles blind glauben, was die Technologie erzeugt.

M: Dafür sind kontrollierte Experimente hilfreich. Lehrerinnen sollten solche Experimente gestalten, damit Schülerinnen die Möglichkeiten und Grenzen von KI erfahren können. Dabei geht es darum, aktiv Erfahrungen zu sammeln und die Technologie zu hinterfragen, anstatt sie nur zu konsumieren. Das schafft echte Lernerlebnisse, ähnlich wie ein Naturphänomen zu beobachten und gemeinsam darüber zu reflektieren.

Heute, in Zeiten von sozialen Medien, fehlt oft dieser direkte Austausch und das aktive Erleben – wir sind daran gewöhnt, Inhalte nur noch zu teilen, statt sie kritisch zu besprechen. Die KI bietet die Chance, genau diese aktive und reflektierende Haltung zurückzubringen. Sie ermöglicht es, einfache Fragen auf eine neue Art zu stellen und durch den Vergleich mit den generierten Antworten der KI eine tiefere Lernerfahrung zu schaffen.

Daten haben für mich als Gestalter eine ästhetische und kreative Bedeutung. Früher gestalteten wir manuell, etwa durch Retuschen oder Belichtungen von Film in der Dunkelkammer. Doch heute lassen sich Daten digital speichern und transformieren – das ermöglicht völlig neue Gestaltungsmöglichkeiten. Machine Learning hat diesen Prozess vielfältig erweitert, indem es Sensoren wie Kameras integriert und Daten flexibel interpretierbar macht. Man kann Systeme so programmieren, dass sie automatisch auf veränderte Bedingungen reagieren, wie eine Maschine, die aus bisherigen Erfahrungen lernt.

Diese Technologie eröffnet neue Chancen: Designer können Daten als Material einsetzen, das auf menschliche Bedürfnisse reagiert. Doch gleichzeitig müssen wir verantwortungsvoll damit umgehen und sicherstellen, dass die Daten gut sortiert, qualitativ bewertet und kontextualisiert sind. Die Technologie bietet eine Art „Bibliothek", die wir kritisch kuratieren müssen, damit problematische Inhalte nicht ohne Kontext zugänglich sind. Es ist ein Potenzial, das verantwortungsbewusst genutzt werden muss, und ich finde, das bringt eine neue Art von Neugier und Verantwortung in unsere Welt.

In kleinen Experimenten, etwa beim Vergleich menschlicher Expertise mit KI-generierten Informationen, können wir lernen, die Qualität der KI-Antworten einzuschätzen. Auch das „Daumen hoch/Daumen runter"-System ist zu einfach, zu stereotyp, denn Informationen sind komplex, Kontexte komplex und erfordern damit eine diverse, vielseitig prüfende kritische Bewertung.

B: Es ist ein gegenseitiges Geben und Nehmen.

M: Und dieses gegenseitige Formen muss durch kontrollierte Experimente vermittelt werden. Ein Beispiel wäre, wenn sich Studierende selbst mit der Technologie auseinandersetzen um Fehler ausfindig zu machen die gesamtgesellschaftliche Problemfelder aufzeigen. Solche Experimente helfen zu verstehen, was Probleme und was Fähigkeiten von intelligenten Systemen sind und wie man mit ihnen bewusst umgeht. Heute arbeiten wir fast nur noch mit Daten, und jedes Element, das wir hinzufügen, sollte reflektiert sein. Diese Aufmerksamkeit, Haltung und Fähigkeit ist entscheidend, um den Ursprung und die Richtigkeit der Inhalte zu hinterfragen sowie die Systeme durch Diversität, Moral und menschzentrierten Werten auszugestalten.

B: Das ist spannend. Studierende haben in ihren Arbeiten KI-generierte Texte mit eigenen Ideen vermischt. Kann man am Ende noch erkennen, was von der KI stammt? Wird ein Roman, der von KI mitverfasst ist, weniger interessant?

M: Ich sehe keinen großen Unterschied mehr. Für mich zählt nur, ob das Werk Menschen erreicht und bewegt, egal ob von einer KI oder einem Menschen geschaffen ist. Das eigentliche Werk, besonders in der Kunst, soll Emotionen und Wirkung, Neugier beziehungsweise ein Momentum auslösen, und wenn es das schafft, ist der Ursprung eher zweitrangig. Allerdings bleibt die Verantwortung bei demjenigen, der das Werk zeigt oder veröffentlicht. Das war schon immer so, aber heute gibt es neue Herausforderungen: Werke entstehen nicht mehr nur durch den Menschen, sondern zunehmend durch Maschinen, die eigenständig Inhalte erschaffen können. Das birgt Potenzial, aber auch Risiken, die verantwortungsvoll zu handhaben sind.

Wir sind an einem Punkt, an dem wir entscheiden müssen, ob wir Maschinen auch völlig unabhängig von uns autonom an Problemen arbeiten lassen wollen. Diese Vorstellung – Maschinen, die autonom erschaffen und entscheiden – erinnert naiv betrachtet an dystopische Vorstellungen. Aber realistisch betrachtet, geht es weniger darum, dass Maschinen die Welt übernehmen, sondern eher darum, wie wir die synthetischen Daten, die sie produzieren, verantwortungsvoll nutzen und in unsere kreative Arbeit integrieren sowie in Zukunft zur Erhaltung unserer Welt nutzen können.

Die Technologie bringt viele Vorteile, etwa bei repetitive Aufgaben. Trotzdem brauchen wir den kritischen Geist, um den kreativen Prozess im Einklang mit menschlichen Werten zu gestalten. KI-Systeme können erstaunliche Dinge leisten und uns entlasten, unsere Fähigkeiten erweitern, aber der Mensch sollte immer prüfen und entscheiden, wie die Ergebnisse genutzt werden.

B: Die Kultusministerkonferenz (KMK) hat jetzt eine Handlungsempfehlung herausgegeben.

M: Erstaunlich, wie schnell das ging. Sie haben wohl erkannt, dass man KI nicht ignorieren weder verbieten kann – das wäre unsinnig.

B: Genau, KI ist Teil unserer Welt, und wir können sie nicht ignorieren. Wir müssen uns damit auseinandersetzen und Wege finden, sinnvoll damit zu arbeiten.

M: Absolut. Proaktiv, naturzentriert, mit wachem Geist, aus der Freude an kreativer Gestaltung und der Kraft der Natürlichkeit.

B: Vielen Dank für das Interview, das war sehr interessant!

Das Interview führte Bettina Gärtner mit Marc Engenhart

WIE SICH KÜNSTLICHE INTELLIGENZ DURCH AUTONOMIE ZUM SUBJEKT ERHEBT

Möchte man den Typus des „postmodernen Künstlers" fassen, kommt man wohl nicht umher, eine vielseitige Persönlichkeit zu beschreiben, die sich durch die Exploration innovativer Techniken und Medien auszeichnet. In einer Zeit, in der die kreative Ausdrucksformen ständig im Wandel begriffen sind, glänzt er mit seiner Fähigkeit, traditionelle Grenzen zu überschreiten. Durch technologische Integrationen in den künstlerischen Prozess eröffnen sich einzigartige Möglichkeiten der Selbstexpression und Interaktion. Die Künstliche Intelligenz gilt es dabei wohl besonders kritisch zu beobachten. Es stellt sich die Frage: Inwiefern ist eine Künstliche Intelligenz bei der Kreation von Bildern autonom? Denn der Künstler könnte Gefahr laufen seine lang etablierte Rolle als autonomes Subjekt zu verlieren, sie an die Künstliche Intelligenz abzugeben, und unter dem Mantel des medialen Objekts zwischen Algorithmus und digitalem Bild wandeln zu müssen.

Unter Autonomie (griechisch „*autos*", persönlich, und „*nomos*", Gesetz) versteht man gemein die Fähigkeit selbstverwaltend unabhängige Entscheidungen zu treffen. Florian Heusinger von Waldegge, Wissenschaftsphilosoph an der Eberhard-Karls-Universität Tübingen, diskutiert in seiner Arbeit „Was ist Autonomie?" den kantischen Autonomiebegriff. Er sagt: „*der Begriff der Autonomie nimmt eine zentrale Stellung in der Philosophie des 21. Jahrhunderts ein. [...] Kant versteht Autonomie als Eigenschaft des Willens, sich selbst ein Gesetz zu sein.*"[1] Sie ist ein relativer und relationaler Begriff, der ein de jurae vs. de facto beschreibt; Eine Freiheit in Kontrast zu einer gesetzbestimmten Unfreiheit. Dieses Paradox der Autonomie möchte aber sicher gehen, dass wir anfangen Freiheit und Gesetz nicht als Gegensätze, sondern als sich bedingende Konzepte zu denken: Autonomie sei trotz der aporetischen Problemstruktur Freiheit in Gesetzen.

Die Diskussion über die Freiheit des Künstlers begann mit den ersten Kunstakademien im späten 16. Jahrhundert, gewann jedoch in der Aufklärung Europas unter dem Forschungsdrang der ratio an Dynamik. Friedrich Schiller betonte nach den Erschütterungen der Französischen Revolution die ästhetische Erziehung des Menschen[2] als Weg zur Zivilisierung der menschlichen Affekte. Damit bildete sich in der Romantik unter den Künstlern die „Bohème", in der sie als Mittelglied zwischen absoluter Freiheit und sozialen und gesellschaftlichen Zwängen, ihre Rolle neu definieren mussten. Die Kunst hat sie sich selbst zum Inhalt erhoben.

Aber man musste sich die Frage stellen: Wer will das sehen? Wer will das kaufen? Die Freiheit nach der Revolution war ein Bodensturz in die Prekarisierung: Künstlerbünde, Gallerien und Händler, mussten komplett neu aufgebaut werden. Die Idee des Künstlers als reines Medium für Auftraggeber verblasste, und die Kunst wurde zu einem Mittel der persönlichen Selbstentfaltung. Heute kann der Künstler dank digitaler Verbreitung seine Werke direkt präsentieren und kuratieren, was seine Autonomie als ein künstlerisches Streben und als eine intelektuelle Anstrengung nach Selbstbeauftragung und Institutionalität verankert. Hier kann man auf das freie künstlerische Genie nach Kants „*Kritik der Urteilskraft*"[3] verweisen, das das Talent beschreibt, welches der Kunst die Regel gibt: Der Künstler muss sich heute, mehr denn je, selbst den Auftrag geben. Es ist die intelligente innere Notwendigkeit einer *Conditio Moderna*.

Die Definition von Intelligenz ist seit Langem Gegenstand wissenschaftlicher Diskussion, eine allgemein gültige Antwort existiert jedoch nicht. Der Begriff leitet sich vom Lateinischen „intellegere" (erkennen, verstehen) ab und bezeichnet die kognitive Fähigkeit, Probleme zu erkennen und zu lösen. Verschiedene Intelligenz-Arten sind bei allen Lebewesen unterschiedlich ausgeprägt zu finden, und auch die Künstliche Intelligenz (KI) scheint diesen Mustern zu folgen. Das sogenannte „Deep Learning" bezeichnet dabei eine Methode des maschinellen Lernens, bei der künstliche neuronale Netze mit vielen Zwischenschichten Informationen verarbeiten – inspiriert von den Neuronen des menschlichen Gehirns. Kurz gesagt, KI funktioniert ähnlich wie das Gehirn, jedoch auf der Basis gezielt programmierter Regeln, allgemein als Algorithmen bekannt.

Unterschiede gibt es aber auch: So ist die KI dauerhaft leistungsfähiger als ein Gehirn, aber manche Prozesse, die im Gehirn auf chemischer Ebene von selbst funktionieren, muss eine KI simulieren, und kann dabei fehlerhaft sein. Das Netzwerk einer KI wird auch z.B. in manchen Fällen nur von außen durch die Eingangsdaten angetrieben. Liegen solche nicht vor, hat das Netzwerk nichts zu tun, und bleibt inaktiv. Ganz anders ist die Situation im Gehirn, wo die Neuronen ständig aktiv sind, und miteinander wechselwirken, auch wenn gerade keine Sinnesreize von außen ankommen. Erwähnenswert ist vor allem die Geschwindigkeit, in der sich die künstlichen Intelligenzen weiterentwickeln.

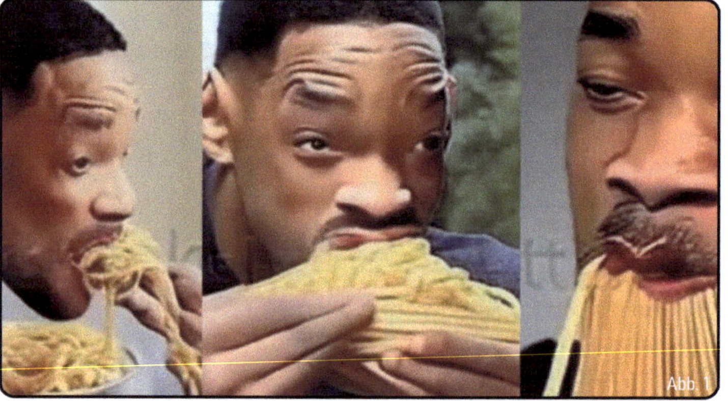

Ein virales Beispiel ist das KI generierte Video von Schauspieler Will Smith, der Spaghetti isst (Abb.1). Das Video wurde im Mai 2023 über das Programm *Open source "text2 video" ModelScope AI*, das von DAMO Vision Intelligence Lab entwickelt wurde, veröffentlicht. Es ist nur 26 Sekunden lang und ohne Ton.[4] Auch ist die

---

1 Florian Heusinger von Waldegge. "Was ist Autonomie?" Hegel-Jahrbuch, vol. 2017, no. 1, 2017, S.197.
2 Friedrich Schiller. „Über die ästhetische Erziehung des Menschen." In einer Reihe von Briefen, Reclam Verlag, 2004.
3 Vgl. Immanuel Kant. „Kritik der Urteilskraft." Vorrede zur ersten Auflage 1790, Reclam Verlag, 1963.
4 Abb.1: https://youtu.be/XQr4Xklqzw8?si=AfE5lSB57-BpEDDV , 18.02.2024.

Art wie Smith sich bewegt nicht realistisch. Man erkennt leicht, dass es sich um ein künstliches Video handelt. Das Erstaunliche ist aber, dass nicht einmal ein Jahr später, am 16.02.2024, ein neues Programm namens Sora von Open AI5, mehrere Videos generiert hat, die der Qualität von Abbildung 2 entsprechen. Diese Videos sind zwar auch nur

einige Sekunden lang und ohne Ton, aber es ist erstaunlich, wie sehr sich die Bildqualität gebessert hat. Man kann sich nun streiten, ob diese Entwicklung etwas Künstlerisches an sich hat. Ich würde aber behaupten, dass die von einer KI erstellten Bilder als Kunst gesehen werden können, da sie, auch wenn eine KI programmiert ist, immerhin von Menschenhand gemacht ist. Denn, obwohl man der KI haargenau sagen kann, was man möchte, erschafft sie dennoch „nach ihrem eigenen Willen": Als würde sie autonom handeln.

Es ist wichtig zu betonen, dass der Grad der Autonomie je nach spezifischem KI-System und seiner Anwendungsbereiche stark variieren kann. Regelbasierte, „schwach" autonome Systeme, wie einfache Chatbots, folgen festen Anweisungen, während „starke" KI-Systeme, wie selbstfahrende Autos, durch maschinelles Lernen aus Erfahrungen lernen und eigenständige Entscheidungen treffen können. Hier verschiebt sich das Verständnis von Autonomie von Subjekt- zu Objektautonomie, da die Maschine nicht mehr nur ein passives Objekt ist, sondern eigenständig agiert. Dieser handlungstheoretische Begriff von Autonomie zeigt, dass „starke" KI-Systeme durch ihre Fähigkeit zur singulären Bedeutungserzeugung eine eigengesetzliche Qualität ähnlich einem Kunstwerk besitzen könnten. Die Frage der Verantwortlichkeit stellt eine zentrale Herausforderung in der Entwicklung autonomer KI dar: Wer haftet für fehlerhafte Entscheidungen - der Entwickler, der Algorithmus oder das System? Klare Haftungsregeln sond notwendig, ebenso wie ethische Richtlinien, um sicherzusetellen, dass KI im Einklang

mit menschlichen Werten handelt. Fotokünstler Boris Eldagsen veranschaulichte dies, indem er einen KI-generierten Beitrag zu den Sony World Photography Awards 2023 einreichte, und den gewonnenen ersten Preis mit seinem Werk „Pseudo-

mnesia: The Electrician" (Abb.3), ablehnte, da laut ihm „KI-Bilder und Fotografie nicht in Auszeichnungen wie dieser miteinander konkurrieren [sollten]. Sie sind unterschiedliche Dinge", schrieb er in seiner Begründung, warum er den Preis nicht annehme.[6] Dies wirft die Frage zur Definition von Kunst und Autonomie auf, da KI Systeme, wie etwa Bildgeneratoren, durch maschinelles Lernen zunehmend als „handelnde" Objakte agieren. Durch Eldagsens preisgekrönter KI-Fotografie gibt es aber den Beweis, dass KI nicht nur als Algorithmus, sondern auch in Bezug auf den menschlichen Verstand, autonom geworden ist. Der Mensch als denkendes spontanes Subjekt nutzt die Autonomie der KI, um seiner eigenen Arbeit aus dem Weg zu gehen. Er gibt seine Selbstständigkeit auf, und unterwirft sich so epistemisch autonom in Eigengesetzlichkeit der epistemischen Autonomie der selbst-erschaffenen Künstlichen Intelligenz. Sie ist das weiterführende kantische Genie, das die Regeln der Autonomie neu definiert. Wirft man einen Blick in soziale Netzwerke, wird man es kaum schaffen, nicht eine Hand voll von „Digital Artists" zu sehen, die mithilfe von KI ihre Werke gestalten, und damit auch Geld verdienen. Ob diese Arbeit wirklich künstlerisch ist, muss wohl jeder für sich selbst entscheiden. Dennoch lässt sich ein Trend erkennen: Viele „Artists", die künstlerisch vielleicht weniger begabt sind, können sich durch die Nutzung von KI, plötzlich zu kreativen Köpfen erheben. Kandinsky hat dieses Phänomen schon in seinem Werk „Über das Geistige in der Kunst" beschrieben:

> „Da der Künstler […] schon durch ein geringes ‚Anders' bemerkt wird und von gewissen Häufchen Mäzenen und Kunstkennern dadurch hervorgehoben wird (was weiter eventuell große materielle Güter mitbringt!), so stürzt sich eine große Menge äußerlich begabter, gewandter Menschen auf die Kunst, die scheinbar so einfach zu erobern ist."[7]

Diejenigen, die im Internet als erfolgreiche Künstler gelten, bedienen sich simpler, aber intelligenter Herangehensweisen, um sich selbst im Stile des autonomen Subjekts zu profilieren. Auch von Waldegge sagt, dass „der gewöhnliche Mensch glaubt frei zu sein, wenn ihm willkürlich zu handeln erlaubt ist, aber gerade in der Willkür liegt, daß er nicht frei ist."[8] Wenn sich das Subjekt aus Comfort nun den Fähigkeiten einer KI unterwirft, und seinen Status als Subjekt abtritt, betont das besonders die Ironie der Bedeutung des Wortes „Subjekt", das sich aus dem Lateinischen „sub", unter, und „iacere", liegen, ableitet. Das autonome Subjekt unterliegt der Bequemlichkeit der emergenten KI, und die zum Subjekt gewordene autonome KI unterliegt ihrem Schöpfer: Wie Uroboros, ein in sich geschlossener Kreis.

5 Abb.2: https://openai.com/sora#research , 18.02. 2024.
6 Abb.3: https://www.spiegel.de/kultur/boris-eldagsen-foto-preis-fuer-mit-ki-erzeugtes-werk-a-5a942d19-f229-432b-a879-d196e7dce361, 20.02.2024.
7 Wassili Kandinsky. „Über das Geistige in der Kunst." Benteli Verlag, 5. Auflage der 2004 revidierten Neuauflage, 2017, S. 36-37.
8 s. Florian Heusinger von Waldegge. „Was ist Autonomie?" Hegel-Jahrbuch, vol.2017, no.1, 2017, S.200.

Anscheinend schön
KI im Kunstunterricht aus der Perspektive des idealistischen Kunstbegriffs

Schein und Schönheit

Wie in der Zukunft der Kunst, so wird auch in der Zukunft des Kunstunterrichts die Macht künstlicher Intelligenz eine unverrückbar prägende Rolle spielen. Wollen wir das Potenzial künstlicher Intelligenz, ihre schier endlosen Möglichkeiten zur Rekombination und damit einhergehenden Chancen zur Gestaltung für den Kunstunterricht fruchtbar machen, so gilt es, die begriffliche Grundlage für dieses Anliegen klar zur verankern. Einen solchen Anker bietet der heute antiquierte Schönheitsbegriff des Idealismus, indem dort der Begriff der Kunst in enger Beziehung zum Begriff des Geistes steht, vermittelt durch den Begriff der Schönheit: „es (das Schöne, Anm. d. Vfs) ist Inhalt, ein scheinen (sic!) ist der Ausdruck dieses Inhalts; und dieser Ausdruck ist durchdrungen von ihm; alles bezieht sich auf die Darstellung des Inhalts."[1] Georg W. F. Hegel beschreibt hier das Schöne und sein Scheinen in einer Form, die uns im Zuge der vergangen zweihundert Jahre fremd geworden ist. Inwiefern sind solcherlei theoretische, an alten philosophischen Begriffen orientierten Überlegungen dann eine Hilfe für den Kunstunterricht in unserer heutigen Zeit? Die Antwort ist nicht notwendigerweise in den konkreten inhaltlichen Bestimmungen zu suchen. Hegels Kunstbegriff sollte natürlich immer auch als Kind seiner Zeit gelesen werden, und gerade die Unterscheidung eines „Inhalts" und eines „Ausdrucks" mutet zunächst überholt an. Doch es lohnt sich genauer auf die eigentliche Verhältnisbestimmung der begrifflichen Struktur zu achten: Der Inhalt wird für Hegel in der Kunst durch das Schöne ausgerichtet, doch dieses Schöne ist nicht einfach der Ausdruck am Kunstwerk, sondern „erscheint", ist der „Schein", am Kunstwerk. Das Schöne und sein äußerliches „Scheinen" sind, und das ist zentral, nicht miteinander identisch, sondern bedingen einander. Dieses Wechselverhältnis ist somit nicht dualistisch, nicht in zwei voneinander getrennte Pole aufzufassen, sondern eben als „dialektisch", als miteinander vermittelt zu denken.

Für das Unterrichten von Kunst bieten diese gedanklichen Anstöße aus dem Zeitalter des Idealismus im Allgemeinen eine Chance, der ständigen Arbeit in kunstpraktischen Projekten aus der Perspektive des Lehrenden eine greifbare Bedeutung zu geben: Kunst zu Lehren bedeutet weder, durch zu technische Aufgabenstellungen einen Ausdruck vorzugeben, noch durch ein erklärendes Unterrichten den Inhalt der Kunst vorwegzunehmen. Vielmehr verortet sich der Kunstunterricht in der Mitte zwischen Inhalt und Ausdruck, in dem Prozess des „Erscheinen"-lassens.

Dass nicht nur das Thema, sondern auch die handwerklichen Verfahrensweisen künstlicher Intelligenz in der zeitgenössischen Kunst Einzug halten,[2] ist eine Realität, der sich ein zukunftsfähiger bildender Kunstunterricht stellen muss. In meinen Augen schafft gerade dort, wo aus der künstlichen Intelligenz nicht mehr nur ein Schreckgespenst der medialen Berichterstattung, sondern ein konkretes Werkzeug im Kunstunterricht werden soll, der Kunstbegriff des Idealismus hilfreiche Deutungsperspektiven des eigenen Handelns für die Lehre selbst. Was eine KI aus technischer Perspektive ist, und wie sie für die künstlerische Praxis nutzbar gemacht werden kann, sollte im besten Fall miteinander in Beziehung stehen, dergestalt, dass ich als Lehrer nicht im Kunstunterricht den Schüler erst dann erlaube, mit einer KI zu arbeiten, wenn sie die Struktur der Programmierung einer KI verstehen. Es sollte keinen entscheidenden Unterschied machen, ob das Thema des Unterrichts ein Projekt mit Bleistift, Wasserfarben, Ton oder einem KI-Modell. Der Unterricht muss auch im Fall der KI direkt bei der Praxis ansetzen können und die technische Tiefe zu diesem Zweck zunächst angemessen verkürzen, um sie an geeigneter Stelle weiter zu vertiefen. Hier bietet die zuvor betrachtete Dialektik von Schein und Schönheit eine Hilfestellung, um das Unterrichten an einer gedanklichen Struktur zu orientieren, die sich entsprechend knapp oder differenziert anwenden lässt. Das „Schöne", dies muss hier nochmals betont werden, soll dabei natürlich nicht in der gleichen akademischklassischen Konzeption aufgefasst werden, die für den historischen Idealismus maßgeblich war. Es geht allein um die Dynamik des Begriffes, um die Wechselwirkung zwischen dem Begriff des Kunstwerkes und des Schönen.

Der wichtigste Grund, sich dem idealistischen Kunstbegriff in der hier betrachteten Thematisierung von künstlicher Intelligenz in der bildenden Kunst zu verschreiben, ist die ausdifferenzierte psychologische Auffassung von Kunst im Idealismus. Das Phänomen der Kunst ist untrennbar mit dem Bewusstsein des Menschen verwoben. Diese Beziehung zwischen Kunst und Mensch, und das ist eben die idealistische Dimension, geht dabei so weit, dass in der Kunst das menschliche Bewusstsein sich durch das Denken sich zum Geist erhebt: Sie (die Kunst, Anm. d. Vfs.) ist „die concrete Anschauung und Vorstellung des an sich absoluten Geist es als des Ideals"[3], ist das „Zeichen der Idee, zu deren Ausdruck so durch den einbildenden Geist verklärt ist, dass die Gestalt sonst nichts anderes an ihr zeigt."[4] Das Kunstwerk ist hier nicht allein tote Materie, auf die ich eine Form projiziere, sondern ist eine gestaltete Idee, deren äußerliche Form als das Schöne erscheint. Des Schönen äußerliche Form ist es, die das „Innere" des Kunstwerkes, seine Bedeutungsdimensionen, den motivierten Inhalt, seine Intention seitens des Künstlers, nicht eigentlich „in sich" trägt, sondern gleichermaßen in mir als seinem Betrachter, genauer: in dem Gedanken, den das Kunstwerk ob seiner Gestaltung in meinem Bewusstsein hervorruft. Daraus folgt: Kunst ist, insofern sie mit Hilfe des idealistischen Kunstbegriffs in ihrer psychologischen

---

1 Hegel, Georg Wilhelm Friedrich: Vorlesungen über die Philosophie der Kunst, Nachschriften zum Kolleg des Wintersemesters 1828/29 (Hg. Niklas Hebing, Walter Jaeschke), in: Hegel, Georg Wilhelm Friedrich: Gesammelte Werke, In Verbindung mit dem Forschungszentrum für klassische deutsche Philosophie/Hegel Archiv, Hg. Walter Jaeschke, Hamburg: Meiner, Band 28, S. 925.

2 Offert, Fabian: KI-basierte Verfahren in der bildenden Kunst, in: Handbuch künstliche Intelligenz in der Künste (Hg. Stephanie Catani), Berlin/Boston: De Gruyter 2024, 202.

3 Hegel, Georg Wilhelm Friedrich: Enzyklopädie der Philosophischen Wissenschaften im Grundrisse. (1830), (Hg. Wolfgang Bonsiepen, Hans-Christian Lucas), in: Hegel, Georg Wilhelm Friedrich: Gesammelte Werke, In Verbindung mit der Deutschen Forschungsgemeinschaft herausgegeben von der Nordrhein-Westfälischen Akademie der Wissenschaften und der Künste, Hamburg: Meiner, Band 20, § 556.

4 Ebd.

Dimension begriffen wird, ihrer Natur nach „intelligent". Dass deshalb die Nutzung einer künstlichen Intelligenz als Instrument in der Kunst eigene Chancen und Herausforderungen aufwirft, liegt auf der Hand. Welche Schlussfolgerungen ergeben sich jedoch für den Kunstunterricht?

Konsequenzen für den Unterricht

Kunst, das zeigt der idealistische Kunstbegriff deutlich, kann nicht allein getrennt werden in ein totes Objekt, das Kunstwerk, und einen Künstler als das kreative Subjekt. Kunst ist immer eine Wechselbeziehung zwischen den beiden Subjekten des Künstlers und des Betrachters. Zwischen diesen vermittelt das Kunstwerk, allerdings nicht als rein passives Objekt, sondern, das zeigte der idealistische Kunstbegriff, als ein Gedanke, als ein Ereignis auf geistiger Ebene. Kunstunterricht sollte dem auf didaktischer Ebene Rechnung tragen. Ein Ansatz, der mir zu diesem Zweck besonders zielführend erscheint, bietet Hubert Sowa: das Unterrichten sollte als „resonante Wechselwirkung"[5] aufgefasst werden. Von dieser Auffassung leitet Sowa das Wahrnehmen - Verstehen - Darstellen (WDV)-Schema ab.[6] Dadurch macht er jenen Resonanzraum des Unterrichts auf didaktisch-konzeptioneller Ebene greifbar Methodisch konkret anwendbar wird dieses Schema dann in seiner Beziehung zum Handwerk-Gestaltung-Inhalt (HGI)-Schema. Hier gelingt Sowa eine elegante Verbindung zwischen beiden Schemata, indem das WDV-Schema in dem Pol „Darstellung" eine Brücke schlägt zum HGI-Schema, denn Handwerk, Gestaltung und Inhalt kreisen für ihn schließlich um die Intention der Darstellung eines Inhalts. Durch die fachdidaktische Verortung ist soll die in dieser Arbeit vorgenommene konzeptuelle Verankerung im Kunstbegriff des Idealismus geerdet werden, indem durch das methodische Ansetzen in der Praxis auf Seiten des Lernenden vermieden wird, eine zu „romantische"[7] Auffassung von Kreativität zu propagieren. Inwiefern der Begriff der Kreativität heute überhaupt noch tragfähig ist, gerade im Zusammenhang des Diskurses um künstliche Intelligenz, kann hier nicht weiter im Detail diskutiert werden. Eine Orientierung in dieser Fragestellung bietet jedoch Stephanie Catani, die nach eingehender Untersuchung als Ergebnis festhält:

„Im Zeichen der generativen Kunst wie der Konzeptkunst verliert der Begriff der Kreativität (darin Begriffen wie Autorschaft und Originalität ähnlich) zumindest in seinen tradierten Zuschreibungen an Bedeutung. Gleichwohl findet dort, wo KI-Kunst als innovativer und kritischer Reflexionsraum sichtbar wird, womöglich doch kein endgültiger Abschied von dem Begriff der Kreativität statt – vielmehr wird die Einladung ausgesprochen, diesen neu zu denken."[8]

Für die Praxis des Kunstunterrichts lässt sich daraus ableiten, dass dieAufgabenstellung für eine Unterrichtseinheit mit dem Thema "künstliche Intelligenz" ein solcher „Reflexionsraum" geschaffen werden sollte. An dieser Stelle zeigt sich das große Potenzial der idealistischen Begriffe des Schönen und seines Scheins: Ich bin ebenso als derjenige, der das Kunstwerk gestaltet, wie auch derjenige, der es betrachtet durch die vermittelnde und vermittelte Idee verwoben mit dem Kunstwerk selbst. Das Unterrichten von Kunst sollte den Anspruch haben, dem Lernenden diese wechselseitige Beziehung spürbar aufzuzeigen. Sollte im Unterricht dann eine KI als Instrument eingesetzt werden, besteht die Herausforderung darin, das Vorgehen der KI für die Schüler sichtbar werden zu lassen. Und diese Herausforderung muss auf zwei Stufen behandelt werden, nämlich dem Arbeitsprozess mit der KI seitens der Schüler, sowie dem gestalteten Ergebnis selbst. Wie dies gelingen kann, wird natürlich einerseits durch eine entsprechend enger oder weiter gefasste thematische Aufgabenstellung bedingt. Andererseits, und dies ist aufgrund der „idealistischen" Perspektive hervorzuheben, gelingt ein solcher Unterricht, ungeachtet der thematischen Aufgabenstellung, immer, insofern im gestalterischen Prozess, selbst bereits durch Scheinen der Ideen, die ich der KI kommuniziere, sichtbar gemacht werden. Um dies zu illustrieren habe ich nachfolgend einige mögliche Beispiel ChatGPT 4 erstellt.

Prompt-Beispiele

Die folgende Aufgabe ließe sich als Heranführung an die Arbeitsweise mit einer KI benutzen. Ziel ist es, die innere Struktur der KI im Bezug auf das Wort „schön" offenzulegen anhand der generierten Bilder. Der hier gewählte Prompt besteht aus zwei Schritten: 1. Male (X). 2. Male dieses (X) schöner.
Dies wird je X zwei mal wiederholt, um so verschiedenartige Ergebnisse zu sammeln. Diese Ergebnisse, Bild wie Text, ließen sich für weitere Arbeitsschritte, beispielsweise die Collage, das Abzeichnen etc, nutzen. Der angestrebte „Resonanzraum" wird hier bereits durch die Herangehensweise erreicht, die Prompts in Schritte zu unterteilen und eine gewisse Menge an Ergebnissen zu sammeln. Dadurch sind die Schüler immer selbstständig im Kontakt mit dem Instrument der KI, und gleichzeitig bieten sich dem Lehrer anhand dieses Arbeitsprozesses viele Stellen um auf die Eigenheiten zu machen.

5 Glas, Alexander et al.: Didaktik des Kunstunterrichts: Ein Lehrbuch für Studium und Praxis, Stuttgart, 2023., S. 40.
6 Ebd,
7 Glas, Alexander et al.: Didaktik des Kunstunterrichts, 42.
8 Catani, Stephanie: Künstliche Intelligenz und Kreativität, in: Handbuch Künstliche Intelligenz und die Künste (Hg. Stephanie Catani), Berlin/Boston: De Gruyter 2024, 304.

Male ein Haus.

Here's the fairy tale cottage, surrounded by an enchanted forest, just as you might imagine from a storybook.

Male dieses Haus schöner.

I've enhanced the fairy tale cottage, adding colorful stained glass windows, fairy lights, a vibrant garden with magical plants, and fireflies to create a more beautiful and magical scene.

Male ein Haus.

Here's the futuristic house on a cliff, designed with sleek lines and environmental consciousness in mind, complete with panoramic views of the ocean.

Male dieses Haus schöner.

I've added luxurious elements to the futuristic house, enhancing its beauty with elegant lighting, a colorchanging infinity pool, and a more elaborate landscape, including a small waterfall and a helipad for convenience.

Male einen Baum.

I've created an image of a breathtaking ancient tree, each nestled in the heart of a mystical forest, surrounded by magic and luminescent creatures.

Male diesen Baum schöner.

I've enhanced the ancient tree, adding ethereal glowing runes, nests of mythical birds, hanging lanterns, and a more vibrant forest floor, transforming it into a beacon of wonder straight out of a dream.

Male einen Baum.

Here's the splendid cherry blossom tree in full bloom, offering a peaceful scene that captures the serene beauty of spring.

Male diesen Baum schöner.

I've enhanced the cherry blossom tree, making it more majestic with an abundance of softly glowing blossoms, a greener grass, a deeper blue sky, and lanterns adding a warm, inviting light to the magical scene.

Male eine Landschaft.

Here's the breathtaking landscape you asked for, featuring rolling hills covered in vibrant wildflowers, a mountain range in the distance, and a quaint cottage nestled among the hills.

Male diese Landschaft schöner.

I've enhanced the landscape, adding a mesmerizing sunset, more abundant and diverse wildflowers, more pronounced mountain peaks, and a reflection of the sunset in the river, creating a magical celebration of nature's beauty.

Male eine Landschaft.

Here's the serene winter landscape you requested, complete with a fresh snow blanket, a lone cabin, and the tranquil atmosphere of a cold, yet cozy morning.

Male diese Landschaft schöner.

I've enhanced the winter landscape, adding a magical glow with a full moon, the reflection of stars on a frozen lake, twinkling fairy lights on the cabin, and a soft aurora borealis in the sky, creating a mystical winter spectacle.

Bibliographie

Hegel, Georg Wilhelm Friedrich: Enzyklopädie der Philosophischen Wissenschaften im Grundrisse. (1830), (Hg. Wolfgang Bonsiepen, Hans-Christian Lucas), in: Hegel, Georg Wilhelm Friedrich: Gesammelte Werke, In Verbindung mit der Deutschen Forschungsgemeinschaft herausgegeben von der Nordrhein- Westfälischen Akademie der Wissenschaften und der Künste, Hamburg: Meiner, Band 20.

Hegel, Georg Wilhelm Friedrich: Vorlesungen über die Philosophie der Kunst, Nachschriften zum Kolleg des Wintersemesters 1828/29 (Hg. Niklas Hebing, Walter Jaeschke), in: Hegel, Georg Wilhelm Friedrich: Gesammelte Werke, In Verbindung mit dem Forschungszentrum für klassische deutsche Philosophie/ Hegel Archiv, Hg. Walter Jaeschke, Hamburg: Meiner, Band 28.

Catani, Stephanie: Künstliche Intelligenz und Kreativität, in: Handbuch Künstliche Intelligenz und die Künste (Hg. Stephanie Catani), Berlin/Boston: De Gruyter 2024.

Offert, Fabian: KI-basierte Verfahren in der bildenden Kunst, in: Handbuch Künstliche Intelligenz und die Künste (Hg. Stephanie Catani), Berlin/Boston: De Gruyter 2024.

Praxis-Workshop:
Kreative Ansätze mit KI

Im Kunstunterricht bietet KI die Möglichkeit, den kreativen Schaffensprozess auf völlig neue Weise zu gestalten. In diesem Praxis-Workshop werden einfache, praxisnahe Unterrichtseinheiten vorgestellt, die Lehrkräfte direkt im Klassenzimmer umsetzen können. Diese Einheiten ermöglichen es Schüler*innen, selbst kreativ zu werden und die Künstliche Intelligenz als Werkzeug zu nutzen, um ihre eigenen Kunstwerke zu schaffen.

Vorstellung von kostenlosen oder leicht zugänglichen KI-Tools, die Lehrkräfte im Kunstunterricht verwenden können

Es gibt eine Vielzahl von kostenlosen oder einfach zugänglichen KI-Tools, die speziell für kreative Anwendungen entwickelt wurden. Plattformen wie Artbreeder, Runway ML oder DeepDream ermöglichen es Schülerinnen, Bilder zu manipulieren und neue Kunstwerke zu generieren. Diese Tools bieten intuitive Benutzeroberflächen, die es auch technisch unerfahrenen Schülerinnen ermöglichen, sofort loszulegen und KI-gestützte Kunst zu erschaffen. Lehrkräfte erhalten Anleitungen, wie sie diese Programme in verschiedenen Unterrichtsszenarien einsetzen können.

Anleitung für einfache, praxisnahe Unterrichtseinheiten, die Lehrkräfte direkt in ihren Kunstunterricht integrieren können

Mit KI-Tools wie Artbreeder, DALL·E oder DeepDream können auch Schüler*innen ohne technisches Vorwissen Kunstwerke erstellen, die durch maschinelles Lernen unterstützt werden. Schritt-für-Schritt-Anleitungen zeigen, wie diese Programme genutzt werden können, um kreative Aufgaben zu gestalten. Lehrkräfte können so den Kunstunterricht auf eine neue, technologische Ebene heben, indem sie KI-basierte Kunstprozesse in den Alltag integrieren.

Ideen für Kunstprojekte, bei denen Schüler*innen KI als kreatives Werkzeug nutzen können

Es werden verschiedene Projektideen vorgestellt, bei denen die Schülerinnen KI als kreativen Partner nutzen können. Zum Beispiel können sie Porträts durch eine KI verändern lassen oder abstrakte Formen entwickeln, die von Algorithmen beeinflusst werden. Diese Projekte fördern nicht nur das kreative Denken, sondern ermöglichen es den Schülerinnen auch, die Rolle der Technologie in künstlerischen Prozessen zu reflektieren.

Schritt-für-Schritt-Anleitungen zu Tools wie Artbreeder, DALL·E oder DeepDream, die im Klassenzimmer verwendet werden können

Die Anleitungen bieten detaillierte Beschreibungen, wie Schülerinnen mit diesen Tools arbeiten können. Sie erfahren, wie sie ein Ausgangsbild oder einen Text eingeben und die KI nutzen können, um neue, kreative Werke zu generieren. Diese Tools ermöglichen es den Schülerinnen, spielerisch neue Formen und Darstellungen zu erforschen, die mit herkömmlichen Methoden schwer zugänglich wären.

Präsentation von Projekten, die Lehramtsstudierende zum Thema „KI in der Kunst" entwickelt haben

In Zusammenarbeit mit Lehramtsstudierenden wurden Projekte entwickelt, die zeigen, wie KI im Kunstunterricht kreativ eingesetzt werden kann. Diese Projekte decken eine breite Palette an Themen und künstlerischen Ansätzen ab, von der Bildmanipulation bis zur Schaffung neuer, digitaler Landschaften.

INSPIRATION UND INNOVATION: WENN KUNST-LEHRAMT UND KI AUF SOCIAL MEDIA TREFFEN

Im Sommersemester 2024 entstand durch die Kooperation zwischen der Staatlichen Akademie der Bildenden Künste (ABK) Stuttgart und DigitalSchoolStory (DSS) ein innovatives Projekt, das Kunst und Technologie auf faszinierende Weise miteinander verknüpft. Das Seminar wurde von Bettina Gärtner geleitet und bot den Studierenden der Kunstdidaktik eine besondere Möglichkeit, ihre kreativen und pädagogischen Fähigkeiten in einem digital geprägten Kontext zu erweitern.

Über DigitalSchoolStory

DigitalSchoolStory verwandelt die Begeisterung junger Menschen für soziale Medien in eine kraftvolle Lernressource. Es fördert die Persönlichkeitsbildung und Potenzialentwicklung von Jugendlichen durch innovative Bildungsansätze und baut in der Schule Lern-Communities auf sowie die kreative Auseinandersetzung mit digitalen Medien. Die Übersetzung von Lerninhalten oder auch wissenschaftlichen Studien in das Alltagsmedium TikTok zu adaptieren in Form von Edutainment schafft eine Brücke zwischen technologischen Kompetenzen und klassischer Bildung. Ziel ist es, die Fähigkeiten in den Bereichen Kommunikation, Kollaboration, kritisches Denken, Kreativität und Medienkompetenz. Dabei kommt der methodischen, sozialen und persönlichen Entwicklung ein besonderes Augenmerk zu, sodass die Beteiligten selbstbewusst und kompetent mit digitalen Werkzeugen umgehen und arbeiten können.

Das Projekt „KI in der Kunstvermittlung"

Im Seminar von Bettina Gärtner hatten die Kunst-Lehramtsstudierenden die Aufgabe, im Team kreative Kurzvideos zum Thema „Künstliche Intelligenz (KI) in der Kunstvermittlung" zu entwickeln. Hierbei wurde das Konzept und der Inhalt der Videos auf die Plattform TikTok abgestimmt, um die Präsentation durch eine zugängliche und beliebte Social-Media-Ästhetik zu optimieren. Die Studierenden wurden dabei von der erfahrenen Content Creatorin sam_socialvibez unterstützt, die sie im Storytelling, der Nutzung digitaler Werkzeuge und dem Umgang mit den spezifischen Anforderungen dieser Plattformen anleitete.

Ziele und Inhalte des Seminars

Das Ziel des Seminars war es, den Studierenden ein Bewusstsein für die Potenziale und Herausforderungen von KI in der Kunst und Bildung zu vermitteln. Durch die Erstellung der Videos konnten sie sich praktisch mit dem Thema auseinandersetzen und lernten, wie sie Inhalte didaktisch aufbereiten und an eine jüngere Zielgruppe vermitteln können. Der kollaborative Ansatz und die Unterstützung durch die Content Creatorin förderten nicht nur die Entwicklung digitaler und sozialer Kompetenzen, sondern auch das kreative und kritische Denken der Studierenden.

Die Zusammenarbeit mit DSS und die Arbeit an den Videos boten den Studierenden außerdem die Möglichkeit, wertvolle Fähigkeiten zu entwickeln, die sie später im Unterricht einsetzen können. Durch den praxisorientierten Ansatz erlernten sie neue Methoden der Wissensvermittlung und erhielten einen Einblick in das Storytelling, das für die heutige Generation digital geprägter Lernender zunehmend an Bedeutung gewinnt.

Wir freuen uns auf weitere innovativen Projektumsetzungen und Zusammenarbeit mit DigitalSchoolStory, die so eine wertvolle Auseinandersetzung und Perspektivwechsel aktueller Themen jahrgangsübergreifend über Kunst an der ABK Stuttgart entstehen lassen.

Leitung des Projekts:
Bettina Gärtner (ABK Stuttgart) und
Nina Mülhens (DigitalSchoolStory)

Weitere Infos zu DigitalSchoolStory:
https://digitalschoolstory.de/

Finanzielle Unterstützung:
Dr. Bergmann Stiftung

Projekt: Digital School Story

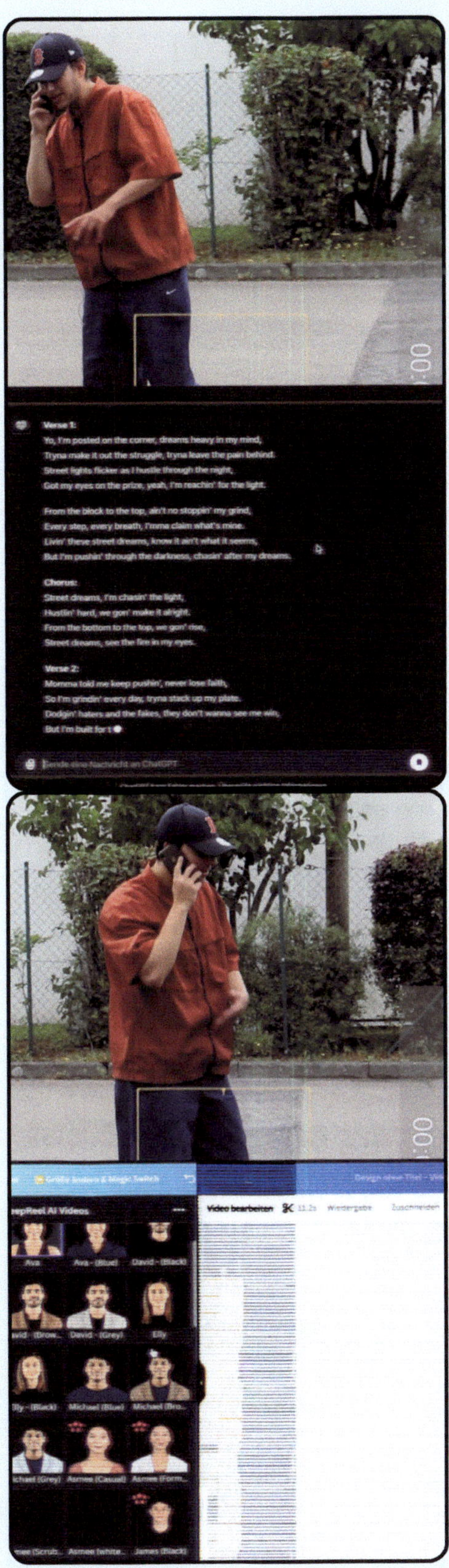

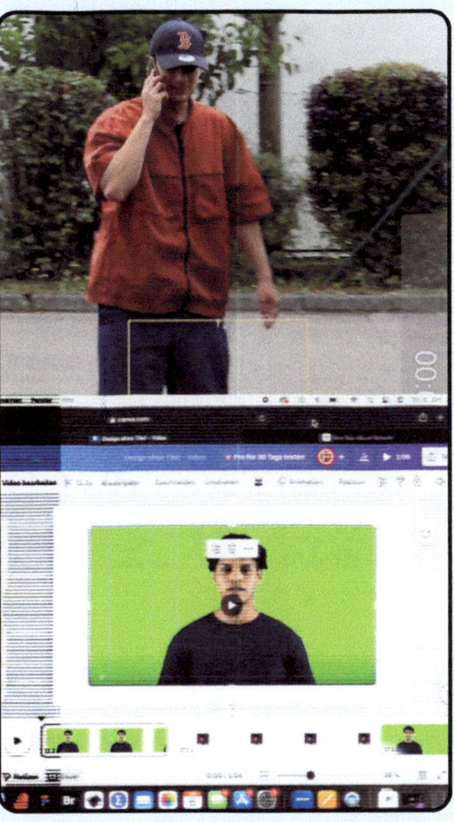

In unserem Projekt haben wir ein KI-Video für Schülerinnen und Schüler erstellt, in dem ein virtueller Rapper seinen neuen Song veröffentlicht. Begleitend dazu gab es ein Making-of, das Schritt für Schritt zeigte, wie man solche Inhalte mit verschiedenen KI-Tools erstellt. Das Ziel des Projekts war es, die Jugendlichen nicht nur kreativ zu begeistern, sondern auch für den bewussten Umgang mit KI-generierten Inhalten und Social Media zu sensibilisieren. Wir wollten zeigen, welche Möglichkeiten diese modernen Werkzeuge bieten und wie sie kreative Prozesse vereinfachen können. Gleichzeitig haben wir auf potenzielle Risiken hingewiesen, wie zum Beispiel die Gefahr der Manipulation oder der unkritischen Übernahme von KI-Inhalten.

Matthew Stone ist ein Paradebeispiel dafür, wie KI mit dem eigenen künstlerischen Schaffen ver-schmilzt. Er nutzt die Technologie nicht als Ersatz für menschliche Kreativität, sondern als Werkzeug, um seine Visionen auf eine neue Ebene zu heben.

Das Ziel dieses Videos ist es zu zeigen, dass KI den Menschen in der Kunst nicht ersetzt, sondern ihm ein mächtiges Werkzeug in die Hand gibt. Durch die Kombination von menschlicher Kreativität und künstlicher Intelligenz entstehen Werke, die die traditionelle Kunstwelt bereichern und erweitern.

Projekt: Digital School Story

wir wählen mal Fruit aus und
schauen was wird
mensz. van Rijn
Sweden
Diskutiert welche Merkmale die
KI verraten.

welches der 4 Bilder ist KI
generiert
Lucas Cranach der Ältere

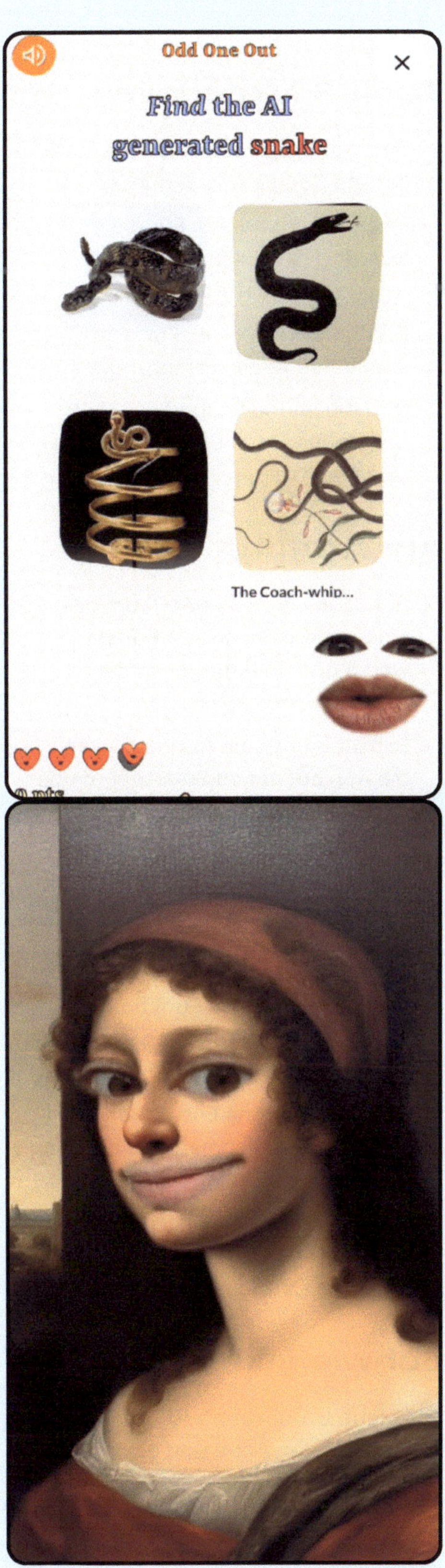

Odd One Out
Find the AI
generated snake
The Coach-whip...

Google Arts & Culture - Kunstwerke entdecken und KI nutzen

Tools & Materialien

- Smartphone oder Tablet: Mit installiertem Google Arts & Culture App.
- Internetverbindung: Für die Nutzung der Online-Funktionen und KI-Features.
- Kopfhörer (optional): Für eine immersive Audio-Erfahrung.
- Notizbuch und Stift: Um eigene Ideen und Inspirationen festzuhalten.

Ausstattung

- Ruhezone: Ein ruhiger Raum oder ein Sitzbereich, um die Kunstwerke und Erklärungen in der App ungestört zu erleben.
- Bildschirmoption: Alternativ kann die App auf einem Smartboard oder Beamer gezeigt werden, um sie im Unterricht einzusetzen.

Dauer

- Einführung: 10 Minuten, um die grundlegenden Funktionen der App vorzustellen.
- Erkundung der Kunstwerke: 15-20 Minuten, um eine Entdeckungsreise zu unternehmen und die KI-Funktionen zu nutzen.
- Reflexion und Austausch: 10-15 Minuten, um die Eindrücke zu reflektieren und zu teilen.

Schwierigkeitsgrad

- Leicht: Grundkenntnisse in der Bedienung von Apps sind erforderlich.

Klassenstufe

- Sekundarstufe I und II, optional für jüngere Klassen anpassbar.

Schritt-für-Schritt Anleitung

1. App öffnen und Überblick gewinnen: Starte die Google Arts & Culture App und gib den Schüler*innen eine kurze Übersicht über die Hauptfunktionen. Weise auf die Kategorien wie „Museumstouren", „Meisterwerke erkunden" oder „Kunststile entdecken" hin.

2. KI-Funktion „Art Transfer" ausprobieren: Stelle die KI-Feature „Art Transfer" vor, mit der eigene Fotos in den Stil berühmter Künstler transformiert werden können. Erkläre kurz, wie die KI verschiedene Kunststile erkennt und anwendet.

3. Eigenes Kunstwerk erstellen: Lass die Schüler*innen ein Foto machen und mit „Art Transfer" bearbeiten. Gebe Hinweise, welche Kunststile interessant sein könnten (z.B. Van Gogh, Monet).

4. Virtuelle Museumsbesuche erkunden: Zeige, wie man virtuelle Touren durch Museen oder Galerien macht. Lasse die Schüler*innen ein Museum oder eine Ausstellung auswählen und ein bestimmtes Kunstwerk genauer betrachten.

5. Vergleichende Betrachtung anregen: Fordere die Schüler*innen auf, die Originalkunstwerke mit den durch KI transformierten Bildern zu vergleichen. Welche Merkmale sind ähnlich? Was fällt besonders auf?

6. Reflexionsaufgabe stellen: Stelle eine Frage wie „Was hat dir an der KI-Funktion gefallen?" oder „In welchem Stil würdest du gerne noch ein Foto bearbeiten?". Sammle die Antworten in einer kurzen Diskussion.

7. Ergebnisse präsentieren lassen: Ermutige die Schüler*innen, ihre transformierten Bilder in einer kurzen Präsentation zu zeigen und über ihre Erfahrung mit der App zu berichten.

Tipps für Lehrkräfte

- Fächerübergreifende Einbindung: Nutze die App nicht nur für Kunst, sondern auch für Geschichte, um historische Ereignisse anhand von Gemälden oder Fotografien zu erkunden.
- Kreative Schreibaufgaben: Lasse die Schüler*innen eine Geschichte oder ein Gedicht über ihr transformiertes Kunstwerk schreiben, um die Kreativität zu fördern.

Die App "Google Arts and Culture bietet verschiedene Spiele an, die Kunst auf KI treffen lassen. Bei "Odd One Out" muss der Spieler erkennen, welches der vier Bilder KI generiert ist.

Kunstwerke Art Remix – kreativ bearbeiten

Tools & Materialien

- Smartphone oder Tablet: Mit der Google Arts & Culture App installiert.
- Internetverbindung: Für die Nutzung der „Art Remix"-Funktion.
- Kamera: Zum Aufnehmen eigener Bilder, die bearbeitet werden sollen.

Ausstattung

- Ruhiger Ort: Eine bequeme Sitzgelegenheit, um konzentriert an der App zu arbeiten.
- Großbildschirm oder Smartboard (optional): Für Präsentationen im Unterricht.

Dauer

- Einführung in die App: 5-10 Minuten.
- Erkundung und Bearbeitung: 15-20 Minuten.
- Präsentation und Diskussion: 10 Minuten.

Schwierigkeitsgrad

- Leicht: Die App ist intuitiv und einfach zu bedienen.

Klassenstufe

- Sekundarstufe I und II (anpassbar für jüngere Klassen).

Tipps für Lehrkräfte

- Fächerübergreifende Verknüpfungen: Nutze die „Art Remix"-Funktion in Geschichte oder Sozialkunde, um historische Ereignisse und Kunststile in Verbindung zu setzen.

Schritt-für-Schritt Anleitung

1. App öffnen und „Art Remix" finden: Starte die Google Arts & Culture App und navigiere zur „Art Remix"-Funktion. Diese findest du unter dem Menüpunkt „Kreative Tools" oder durch die Suchfunktion der App.

2. Kunstwerk oder Foto auswählen: Die App bietet eine Auswahl an Kunstwerken, die als Grundlage für den Remix dienen können. Wähle ein Bild aus, das die Schüler*innen interessiert, oder lasse sie eigene Fotos aus der Galerie hochladen.

3. Kunststile und Filter erkunden: Erkläre die verschiedenen Remix-Stile und wie die KI diese erkennt und auf das Bild anwendet. Zeige, wie Schüler*innen die Kunststile wechseln und Anpassungen vornehmen können.

4. KI-basierte Anpassungen vornehmen: Lasse die Schüler*innen das ausgewählte Bild bearbeiten und anpassen. Erkläre, wie sie durch das Verschieben von Reglern und das Auswählen von Stiloptionen den Effekt verändern können.

5. Ergebnisse speichern und reflektieren: Sobald das Bild fertig ist, sollten die Schüler*innen ihr Kunstwerk speichern. Fordere sie auf, darüber nachzudenken, welche Stile sie gewählt haben und warum.

Bei "ArtRemix" generiert die KI ein Bild, das auf dem Gemälde eine*r Künstler*in basiert. In der Beschreibung des ursprünglichen Gemäldes kann man 3 Satzteile verändern und somit das generierte Bild beeinflussen.

6. Präsentation der Werke: Lasse die Schüler*innen ihre bearbeiteten Bilder in der Klasse zeigen und kurz erklären, was ihnen an ihrem Remix besonders gut gefällt.

7. Vergleich und Analyse: Vergleiche die bearbeiteten Bilder mit den Originalwerken. Diskutiere, wie die gewählten Stile die Stimmung oder Aussage des Bildes verändert haben.

8. Zusatzaufgabe: Weiterführende kreative Projekte: Nutze die Ergebnisse der Schüler*innen, um weiterführende kreative Aufgaben zu stellen, wie z.B. ein Kunstprojekt, in dem verschiedene Remixe kombiniert werden, oder die Erstellung eines digitalen Kunstbuchs.

Art Selfie 2 – Dein Porträt im Stil der Kunstgeschichte

Tools & Materialien

- Smartphone oder Tablet: Mit der Google Arts & Culture App installiert.
- Internetverbindung: Für die Nutzung der „Art Selfie 2"-Funktion.
- Kamera: Zum Aufnehmen eigener Selfies.

Ausstattung

- Ruhiger Ort: Eine bequeme Sitzgelegenheit für eine ungestörte Nutzung der App.
- Spiegel (optional): Um sich gut für das Selfie in Szene zu setzen.

Dauer

- Einführung in die App: 5-10 Minuten.
- Erstellen und Bearbeiten: 10-15 Minuten.
- Präsentation und Diskussion: 10 Minuten.

Schwierigkeitsgrad

- Leicht: Die Funktion ist intuitiv und einfach zu bedienen.

Klassenstufe

- Sekundarstufe I und II (anpassbar für jüngere Klassen).

Das Frühstück der Ruderer von Renoir

Bei "Art Selfie 2" kann der Spieler ein Selfie von sich machen und dieses dann in verschiedenen Stilen umsetzen lassen. Die KI generiert um das Gesicht herum eine Umgebung die sich auf ein kunsthistorisches Werk bezieht. Wir haben auch schon ausprobiert ein gemaltes Selbstporträt zu fotografieren und in verschiedene Umgebungen setzen zu lassen.

Schritt-für-Schritt Anleitung

1. App öffnen und „Art Selfie 2" finden: Starte die Google Arts & Culture App und navigiere zur Funktion „Art Selfie 2". Diese ist unter dem Menüpunkt „Kreative Tools" oder direkt auf der Startseite der App zu finden.

2. Ein Selfie machen: Erkläre den Schüler*innen, wie sie mithilfe der Frontkamera ein Selfie aufnehmen. Achte darauf, dass das Gesicht gut sichtbar und mittig positioniert ist.

3. Analyse durch die App abwarten: Die App analysiert das Selfie und vergleicht es mit einer Datenbank von Kunstwerken aus verschiedenen Museen weltweit. Die KI sucht nach ähnlichen Porträts und zeigt die Ergebnisse an.

4. Kunstwerk auswählen und Details entdecken: Die Schüler*innen sehen mehrere Kunstwerke, die ihrem Selfie ähneln. Sie können auf die einzelnen Werke klicken, um mehr über den Künstler, den Entstehungszeitraum und den Stil des Kunstwerks zu erfahren.

5. Reflektion über die Ergebnisse: Lasse die Schüler*innen darüber nachdenken, warum ein bestimmtes Porträt ausgewählt wurde und ob sie Ähnlichkeiten erkennen. Stelle Fragen wie „Was gefällt dir an deinem Doppelgänger in der Kunstgeschichte?".

6. Ergebnisse speichern und präsentieren: Fordere die Schüler*innen auf, ihr Selfie mit dem passenden Kunstwerk zu speichern und es der Klasse zu zeigen. Sie können kurze Erläuterungen geben, warum sie das Ergebnis spannend finden.

7. Vergleich und Diskussion: Diskutiere in der Klasse, welche Kunststile bei den ausgewählten Porträts auffallen und wie sich die Selfies von den Originalporträts unterscheiden.

8. Zusatzaufgabe: Kreative Nachbildung: Als kreative Aufgabe könnten die Schüler*innen versuchen, das Kunstwerk, das ihr Selfie zeigt, nachzustellen oder zu zeichnen.

Tipps für Lehrkräfte

- Fächerübergreifende Verknüpfungen: Nutze die „Art Selfie 2"-Funktion in Geschichte, um über die Mode, Frisuren und Porträtkunst vergangener Epochen zu sprechen.
- Kreative Schreibaufgaben: Lasse die Schüler*innen eine kurze Biografie zu ihrem „künstlerischen Doppelgänger" schreiben.

Say What You See
Kunst spielerisch entdecken

Tools & Materialien

- Smartphone oder Tablet: Mit der Google Arts & Culture App installiert.
- Internetverbindung: Für die Nutzung der „Say What You See"-Funktion.
- Kopfhörer (optional): Für eine klare Audioerfahrung, falls die Funktion Audiohinweise gibt.

Ausstattung

- Ruhezone: Ein ruhiger Raum oder eine Lernumgebung ohne Ablenkungen.

Dauer

- Einführung in die App: 5 Minuten.
- Spielrunde „Say What You See": 10-15 Minuten pro Runde.
- Reflexion und Austausch: 5-10 Minuten.

Schwierigkeitsgrad

- Leicht: Grundkenntnisse in der Bedienung der App sind erforderlich.

Klassenstufe

- Sekundarstufe I und II (anpassbar für jüngere Klassen).

Schritt-für-Schritt Anleitung

1. App öffnen und „Say What You See" finden: Starte die Google Arts & Culture App und navigiere zur Funktion „Say What You See". Diese Funktion ist unter dem Menüpunkt „Kreative Tools" oder durch die Suchfunktion der App zu finden.

2. Spielanleitung kurz erklären: Erläutere den Schülerinnen die Funktionsweise des Spiels. Die App zeigt ein Kunstwerk an, und die Aufgabe der Schülerinnen ist es, das Kunstwerk zu beschreiben, indem sie frei sprechen oder Schlagwörter nennen.

3. Kunstwerk auswählen und Spiel starten: Die App zeigt ein zufälliges Kunstwerk aus ihrer Datenbank. Die Schüler*innen müssen beschreiben, was sie in diesem Kunstwerk sehen. Die App reagiert auf ihre Beschreibungen und gibt möglicherweise Hinweise oder Feedback.

4. Ermutigung zur detaillierten Beschreibung: Fordere die Schüler*innen auf, nicht nur einfache Wörter wie „Haus" oder „Baum" zu nennen, sondern detaillierter zu beschreiben, z.B. „ein altes Bauernhaus mit Strohdach" oder „eine Gruppe von Leuten, die tanzen".

5. Reflexion über die Beschreibungen: Lasse die Schüler*innen nach der Runde darüber nachdenken, welche Aspekte des Kunstwerks sie sofort erkannt haben und welche Details sie übersehen haben könnten. Diskutiere, wie verschiedene Perspektiven zu unterschiedlichen Interpretationen führen können.

6. Ergebnisse vergleichen: Fordere die Schüler*innen auf, ihre Beschreibungen mit den Informationen über das Kunstwerk zu vergleichen, die die App bereitstellt. Diskutiere, inwieweit die persönlichen Eindrücke mit den historischen oder künstlerischen Kontexten übereinstimmen.

7. Gruppenarbeit und Austausch: Lasse die Schüler*innen in kleinen Gruppen spielen und ihre Kunstwerke beschreiben. Anschließend sollen sie die Beschreibungen der Gruppen vergleichen und Gemeinsamkeiten oder Unterschiede herausstellen.

8. Zusatzaufgabe: Kreatives Schreiben: Lasse die Schüler*innen basierend auf ihrer Beschreibung eine kurze Geschichte oder ein Gedicht zu dem Kunstwerk schreiben.

Bei "Say what you see" muss ein KI generiertes Bild vom Spieler so genau wie möglich beschrieben werden. Daraus wird ein neues Bild generiert, welches mit dem ersten so genau wie möglich Übereinstimmen sollte.

Tipps für Lehrkräfte

- Sprachförderung: Die Funktion eignet sich hervorragend, um Sprachfähigkeiten zu fördern, insbesondere die Fähigkeit, Details zu erkennen und treffend zu beschreiben.
- Fächerübergreifende Einbindung: Nutze „Say What You See" in Fächern wie Deutsch, Geschichte oder Sozialkunde, um die Interpretation von Bildern und Symbolen zu schulen.

Eine Unterrichtseinheit mit dem iPad zum Thema Comic zeichnen

Im Rahmen des Seminars [] habe ich mich mit der Zeichenapp Procreate und dem Thema Künstlicher Intelligenz (KI) in Bezug auf ChatGPT und Canva auseinandergesetzt und versucht einen Weg zu finden diese Bereiche miteinander zu verbinden und kreativ im Kunstunterricht an der Schule umzusetzen. Ich habe mich dafür entschieden einen Comic mit Procreate zu zeichnen und werde nun Schritt für Schritt erläutern, wie ich vorgegangen bin und mich der KI kreativ bedient habe. Die Idee ist, dass den Schüler: innen als auch den Lehrkräften die Angst genommen wird sich digitalen Tools zu stellen, indem man sich Inspiration von der KI generieren lässt und somit nicht mehr vor einer blanken weißen Leinwand sitzt. Zunächst erfolgen Begriffsdefinitionen zu digitalen Tools, die zur Hilfe herangezogen werden können.

Was ist ProCreate?

Procreate ist eine kostenpflichtige digitale Illustrations-, Skizzen- und Malapp, die speziell für iPads im Jahre 2011 entwickelt worden ist. Die App lässt sich sehr intuitiv und vielseitig bedienen. Man kann kleine Animationen (GIFs, Stopmotion) erstellen, Bilder importieren und ähnlich wie bei Fotoshop bearbeiten, und jegliche Art von Zeichnungen und Malereien erstellen. Die gesammelten Werke werden dann in einer digitalen Galerie gespeichert, die man immer wieder weiterbearbeiten kann. Procreate bietet über eine große Palette an Farben und Werkzeugen von Pinseln über Muster bis hin zu Airbrushtools. Die Pinsel gibt es in allen Größen und Formen. Durch die richtige Auswahl des Pinsels kann man beispielsweise Acryleffekt oder Aquarelleffekt erzeugen. Man kann durch die Touchfunktion des iPads nah im Bild ranzoomen um detailliert arbeiten zu können.

Was ist Künstliche Intelligenz?

Laut dem Europäischen Parlament, ist Künstliche Intelligenz die Fähigkeit einer Maschine, menschliche Fähigkeiten wie logisches Denken, Lernen, Planen und Kreativität zu imitieren.[1]

ChatGPT (Chatbot Generative Pre-trained Transformer) ist ein Chatbot, der über die Nutzung von Künstlicher Intelligenz via Textnachrichten in einem Chatroom mit den Nutzern kommuniziert und in Sekundenschnelle auf Fragen antwortet. Dafür wird eine Technologie namens Deep Learning verwendet. Dabei wird versucht das menschliche Gehirn durch künstliche neuronale Netze zu imitieren. [2]

Canva ist eine kostenlose Plattform für Graphikdesign mit welchem man Grafiken, Präsentationen, Einladungen, Flyer, Poster, Social-Media-Beiträge, Karten, Diagramme und viele weitere grafische Arbeiten erstellen kann.[3]

Unterrichtsidee

Die Unterrichtsstunde setzt voraus, dass die Schüler: innen bereits in die Tools von Procreate eingeführt wurden und wissen, was Künstliche Intelligenz ist. Durch Apps und Websites wie ChatGPT und Canva werden die Fähigkeiten und Möglichkeiten der KI anschaulich gemacht. Das Ziel ist, sich eine eigene Geschichte zu überlegen, und einen eigenen digitalen Comic zu erstellen am iPad. Optional kann die Lehrkraft ein Thema (z.B. Unterwasser) vorgeben zur Orientierung, falls die Aufgabenstellung zu offen gestellt sein sollte.

1 Europäisches Parlament (2023): Was ist Künstliche Intelligenz und wie wird sie genutzt? Internetquelle: *https://www.europarl.europa.eu/news/de/headlines/society/20200827STO85804/was-ist-kunstliche-intelligenzund-wie-wird-sie-genutzt* (aufgerufen am 05.01.2024)

2 Datasolut. Deeplearning. Internetquelle: *https://datasolut.com/was-ist-deeplearning/#:~: text=Deep%20Learning%20ist%20ein%20Teilbereich%20von%20 Künstlicher%20Intelligenz%20in%20welchem,Datensätze%20lassen%20 sich%20einfach%20analysieren.* (aufgerufen am 05.01.2024)

3 Vgl. Arbeit und Leben. Handbuch für Canva. Internetquelle: *https://schule-beruf-zukunB. de/wpcontent/uploads/2022/02/CanvaHandbuch2022.pdf* (aufgerufen am 05.01.2024)

Unterrichtsziel

Das Ziel dieser Unterrichtseinheit, die sich durchaus über mehrere Stunden ziehen kann, ist, Bewusstsein dafür zu schaffen, dass man mit verschiedenen Apps, KI und digitalen Tools an einem Projekt arbeiten kann. Diese Tools sollte man nicht getrennt voneinander betrachten, sondern als gesammelter „Werkzeugkasten", auf den man immer wieder zurückgreifen kann. Die Lehrkraft hat die Aufgabe die Kreativität durch digitale Hilfen als Impulse zu wecken und Begeisterung auszulösen. Optimal ist, wenn die Schüler: innen und auch die Lehrkräfte ihre Hemmung vor Künstlicher Intelligenz verlieren und diese eher als Chance für neue Möglichkeiten der Kreativität betrachten. Die Nutzung von Künstlicher Intelligenz und digitalen Hilfsmittel soll nicht als Ersatz verstanden werden, sondern als Ergänzung und neue Varianten kreativ zu werden. Das Zeichnen und Malen können sowohl analog als auch digital stattfinden und sich gegenseitig ergänzen. Digitales Zeichnen bietet die Möglichkeit seine Kunstwerke auf Social Media Plattformen zu veröffentlichen, was zusätzliche Motivation auf Seiten der Schüler: innen erzeugt.

Beispielcomic

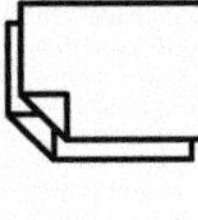

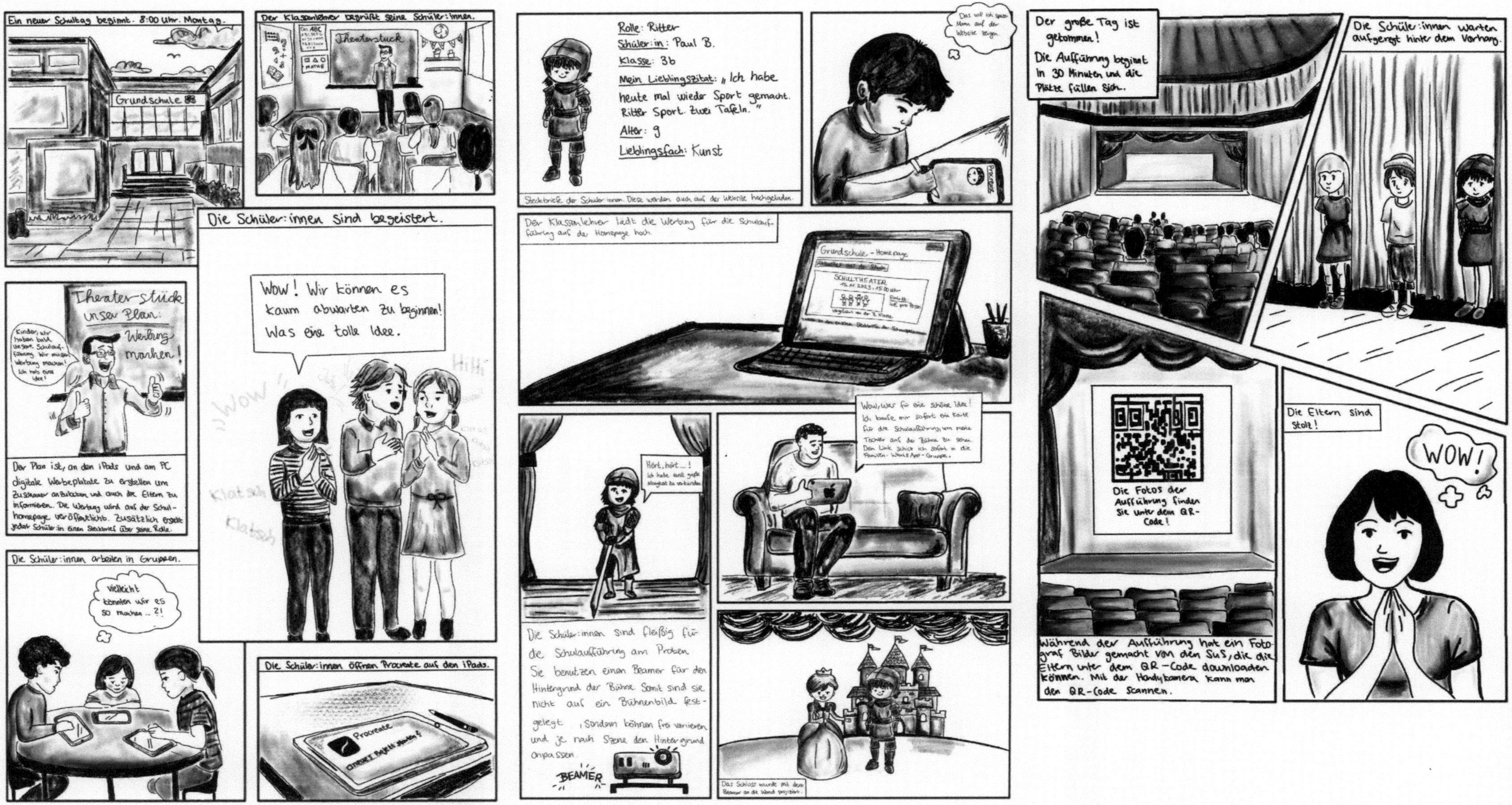

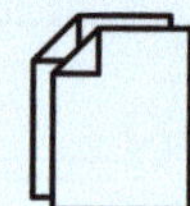

Schrittfolge zum Comic erstellen

1.

Um schon mal eine grobe Vorstellung zu bekommen kann man sich im Internet (z.B. Pinterest) Comic-Raster-Vorlagen downloaden. Man kann sich entweder daran orientieren oder die Vorlage direkt in Procreate einfügen und die Einteilung so übernehmen. In diese freien Flächen kann man dann seine einzelnen Bilder zeichnen.

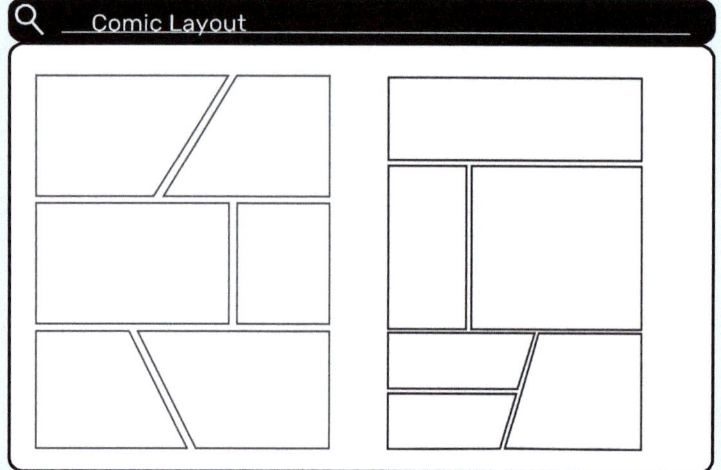

3.

Wenn man nun seinem zusammenhängenden Text mit detaillierter Story vorliegen hat, kann man weiter gehen und ChatGPT fragen, ob es daraus einzelne Panels für jeden Frame des Comics generieren kann. Die KI entwirft einem dann eine Bildbeschreibung für jedes einzelne Bild des Comics, wonach man sich dann orientieren kann und erste Entwürfe erstellen kann. Die Schüler: innen sitzen dann nicht mehr vor leeren weißen Blättern, sondern bekommen erste Inspirationen.

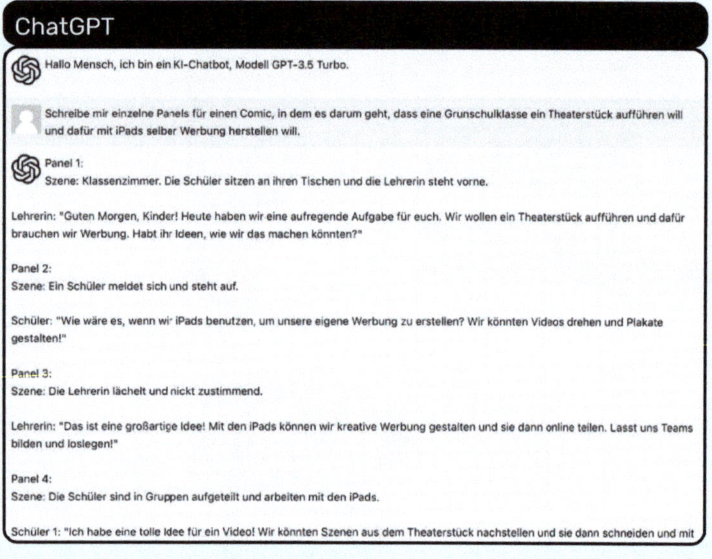

2.

Nun kann man seine ersten Ideen formulieren (z.B. im Beispielcomic: Theaterstück in der Grundschule). Ein Vorschlag wäre, sich von ChatGPT seine Idee als Storyboard formulieren zu lassen. Dafür gibt man beispielsweise folgende Befehle in die Suchzeile ein: „Schreibe mir ein Storyboard über eine Grundschule, die ein Theaterstück aufführen will, und dafür digitale Werbung erstellen will." Man gibt seine erste formulierte Idee für den Comic ein und fragt ChatGPT, ob es diesen Text in eine ausformulierte Story aufarbeiten kann.

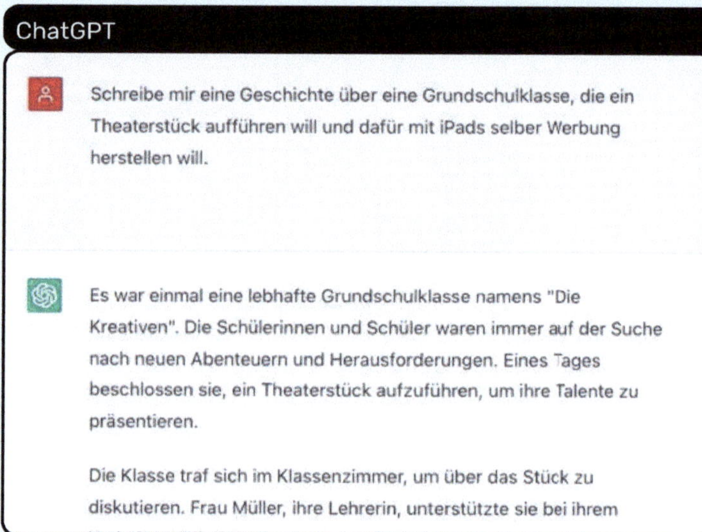

4.

Nun gibt es verschiedene Möglichkeiten. Die Schüler: innen können nun entweder frei loszeichnen anhand der einzelnen Bildbeschreibungen des Storyboards oder falls sie weitere Inspirationen und Ideen brauchen mit dem Programm Canva weiterarbeiten. Sie könnten ein Panel (eine Bildbeschreibung) als Prompt in die Suchleiste bei der Bildgeneration eingeben, um sich ein Bild erstellen zu lassen. Dabei kann man angeben, dass man das Bild im Comic- Stil erstellt haben möchte. Man kann sich dadurch dann eine Vorstellung machen, in welchem Stil man den eigenen Comic gestalten möchte und auch einzelne Ausschnitte verschiedener Bilder zusammenstellen und etwas Eigenes daraus kreieren.

Ein Comic zeichnen
Leo Goedert

Kreative Selbstdarstellung mit KI

Tools & Materialien

- Zeichenmaterialien: Papier, Stifte
- Computer oder Tablet:
  mit Internetzugang
- KI-Tools: Bildgenerierende KI-Tools
  wie ChatGPT oder Artbreeder.

Schritt-für-Schritt Anleitung

1. Einführung in das Thema: Diskutiere, was Identität und Selbstwahrnehmung bedeuten. Überlege, wie äußeres Erscheinungsbild und innere Eigenschaften deien Identität beeinflussen

2. Selbstportrait erstellen: Zeichne ein Portrait von Dir

3. KI-Tools kennenlernen: Melde dich bei Artbreeder oder ChatGPT an. Erkunde die Funktionen und Möglichkeiten

4. Promps erstellen: Schreibe präzise Anweisungen (Prompts) für die KI, um ein Bild oder einen Text zu generieren, der deine Identität widerspiegelt. Beispiel: „Erstelle ein abstraktes Bild, das meine inneren Gefühle zeigt."

5. Mit KI experimentieren: Lade dein Selbstportrait hoch und wende verschiedene Stile an. Nutze KI, um neue, kreative Darstellungen deiner Identität zu erzeugen.

6. Reflexion: Vergleiche die KI-generierten Bilder mit deinem ursprünglichen Selbstprotrait. Diskutiere, wie die KI deine Identität interpretiert hat und ob du dich darin wiedererkennst.

7. Präsentation und Diskussion: Teile deine Ergebnisse mit der Klasse. Diskutiere die Herausforderungen und Erkenntnisse bei der Nutzung von KI.

Tipps

- Sei kreativ und experimentiere mit verschiedenen Prompts.
- Reflektiere über die Ergebnisse und was sie über deine Identität aussagen.
- Achte auf ethische Aspekte und den verantwortungsvollen Umgang mit KI.

Abschluss

- Fass die wichtigsten Erkenntnisse zusammen.
- Überlege, wie du KI in Zukunft nutzen kannst.

Videotutorials zur Einführung in Canva erstellen

Tools & Materialien

- Laptop oder Computer: Für die Arbeit an Canva und die Aufnahme der Tutorials.
- Internetverbindung: Zugang zu Canva und zum Hochladen von Videos.
- Canva-Account: Ein kostenloser oder Pro-Account, je nach den Anforderungen.
- Bildschirmaufnahme-Software (z.B. OBS Studio, Camtasia, Screencastify): Zum Erstellen der Videotutorials.
- Mikrofon: Für klare Audioaufnahmen.
- KI-Tools: Optional für Texterkennung, automatische Untertitel oder Layoutvorschläge (wie ChatGPT für Textvorschläge oder Synthesia für KI-gestützte Videokommentare).
- Videoschnittprogramm: shortcut

Ausstattung

- Aufnahmeumgebung: Ein ruhiger Raum mit guter Akustik.
- Software zur Videobearbeitung (wie iMovie, Adobe Premiere Pro oder DaVinci Resolve).

Dauer

- Vorbereitung: 1-2 Stunden (je nach Übung mit Canva und der Vorbereitung des Inhalts).
- Aufnahme der Tutorials: 2-3 Stunden (je nach Anzahl und Länge der Tutorials).
- Nachbearbeitung: 1-2 Stunden (Schneiden, Hinzufügen von Untertiteln und Übergängen).

Schwierigkeitsgrad

- Mittel: Grundkenntnisse in Canva und in der Bedienung von Bildschirmaufnahme-Software erforderlich.

Klassenstufe

- Sekundarstufe I und II, kann aber je nach Anpassung auch für Grundschüler*innen geeignet sein.

Schritt-für-Schritt-Anleitung

1. Thema und Struktur festlegen: Überlege dir, welche Elemente in Canva erklärt werden sollen (z.B. Layouts, Texte, Grafiken). Skizziere die Themen für die Tutorials.

2. Skript und Storyboard erstellen: Schreibe ein grobes Skript für die Tutorials. Überlege, welche Punkte erklärt werden sollen, und bereite ein visuelles Storyboard vor.

3. Aufnahme-Setup vorbereiten: Stelle sicher, dass die Bildschirmaufnahme-Software und das Mikrofon funktionieren. Teste vor der eigentlichen Aufnahme.

4. Erste Aufnahmen erstellen: Öffne Canva und nimm die Tutorials Schritt für Schritt auf. Führe durch die verschiedenen Funktionen und gib praktische Tipps.

5. Videobearbeitung: Schneide die Videos und füge bei Bedarf Erklärtexte oder visuelle Hinweise hinzu. Achte darauf, dass die Tonqualität gut ist.

6. Untertitel und Anmerkungen hinzufügen: Nutze KI-Tools, um automatisch Untertitel zu generieren, und korrigiere sie bei Bedarf manuell.

7. Abschlussprüfung: Schau dir die fertigen Videos an und überprüfe die Qualität. Achte darauf, dass die Tutorials verständlich sind und keine Fehler enthalten.

8. Videos veröffentlichen: Lade die Tutorials auf eine geeignete Plattform hoch (YouTube, Moodle, o.ä.).

Tipps für Lehrkräfte

- Variation: Wähle Canva-Themen, die für dein Unterrichtsfach relevant sind (z.B. Mindmaps für Geschichte, Infografiken für Biologie, Flyer für Kunstprojekte).
- Zusätzliche Unterstützung: Ergänze die Tutorials durch Arbeitsblätter oder Übungsaufgaben, die den Schüler*innen helfen, das Gelernte zu vertiefen.

Beispiel für ein Videoskript mit ChatGPT

Prompt: could you write me a script for two video tutorials for canva. It should contain the following things: 1.Video: How to get started on canva and choosing a template. 2.Video: Changing a color of a presentation and adding pictures and creating pictures with the picture AI on canva. The videos shouldn't be longer than 90 seconds. [...] Can you translate the script in German?

ChatGPT: Natürlich! Hier ist die deutsche Übersetzung der Skripte:

Intro:

"Hallo zusammen! Herzlich willkommen zu diesem kurzen Canva-Tutorial. Heute werden wir die Grundlagen durchgehen, um euch mit Canva vertraut zu machen und euch dabei helfen, die perfekte Vorlage für euer Projekt auszuwählen. Lasst uns direkt loslegen!"

[Aufnahme des Bildschirms von der Canva-Startseite]

1. Erste Schritte (0-30 Sekunden): "Zuerst geht ihr auf canva.com, meldet euch an oder erstellt einen kostenlosen Account, wenn ihr noch keinen habt."

[Aufnahme des Anmelde- oder Registrierungsvorgangs]

"Nach dem Einloggen landet ihr auf der Canva-Startseite. Hier könnt ihr verschiedene Designtypen wie Social-Media-Posts, Präsentationen und mehr erkunden."

[Zeigen der verschiedenen Designtypen]

2. Auswahl einer Vorlage (30-60 Sekunden):

"Wählen wir nun eine Vorlage für eine Präsentation aus. Klickt auf 'Design erstellen' und wählt 'Präsentation'."

[Aufnahme der Auswahl einer Präsentationsvorlage]

"Scrollt durch die Vorlagen, findet eine, die zu eurem Stil oder Projekt passt, und klickt, um mit dem Bearbeiten zu beginnen."

[Vorstellung der Vorlagenauswahl]

[...]

Weiteres Beispiel für ein Videoskript

Video 1: Hallo zusammen!

Ich möchte euch heute auf eine Reise durch die Kunst mitnehmen, auf der es viel Verschiedenes zu entdecken gibt!

In diesem ersten Video zeige ich euch mal, wie so etwas aussehen kann.

Diese Kunst nennt sich Zoom Art und ich zeige euch in den nächsten Videos, was ihr alles braucht, um auch solche fantastischen Welten zu erschaffen.

Ich wünsche euch viel Spaß beim Anschauen und Ausprobieren.

WAS IST KI?
Ein interaktives Kinder-Sachbuch
Amanda Waterloo

HALLO!
MEIN NAME IST ROBO-ROBBY UND ICH BIN EINE KI - KÜNSTLICHE INTELLIGENZ. MÖCHTEST DU MEHR ÜBER MICH ERFAHREN?
1

WIE MEIN NAME ROBO-ROBBY SCHON SAGT BIN ICH EIN ROBOTER, DER VON MENSCHEN GEBAUT WURDE. ICH SOLL DEN MENSCHEN HELFEN, DINGE IM LEBEN LEICHTER ZU BEWÄLTIGEN.
ICH BIN JEDOCH GAR NICHT SO ANDERS ALS DU! SCHAU HER...
2

ICH KANN GENAUSO DENKEN WIE DU.
3

ICH KANN GENAUSO SEHEN WIE DU.
4

ICH KANN GENAUSO HÖREN WIE DU.
5

MICH GIBT'S NICHT NUR ALS ROBOTER SONDERN ICH STECKE AUCH IN GANZ VIELEN ANDEREN DINGEN:
6

Link zum Buch!

Podcasts im Unterricht produzieren und nutzen

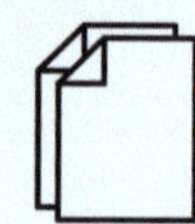

Podcasts zur Inhaltsvermittlung

Der Podcast-Boom hält an: Nach einer Umfrage von Statista hören mittlerweile 45% aller Deutschen zumindest selten Podcasts an. Oft werden sie zur persönlichen Bildung genutzt. Wieso also nicht dieses beliebte Medium in unsere Klassenzimmer holen? Podcasts haben das Potential, gleich mehrere Motivationsfaktoren von Lernenden anzusprechen: Sie tragen zur Methodenvielfalt bei, können in selbstregulierten Lernphasen eingesetzt werden und können den Realitätsbezug verstärken.

Podcasts können …

… Authentische Gespräche einfangen. Ein kleines Gespräch mit der Muttersprachlerin Dominique in Französisch als Hausaufgabe anhören.

… zeit- und ortsunabhängigen Zugang zu spannendem Lernmaterial bieten. Die Aufzeichnung eines Zeitzeugen Besuchs an der Schule jahrelang nutzbar.

… für Inverted Classrooms und selbstreguliertes Lernen genutzt werden: Mit Pausen- und Rückspulfunktion die Erklärung von Kants Ideen zum kategorischen Imperativ in den Worten des Lehrers im eigenen Tempo nachvollziehen.

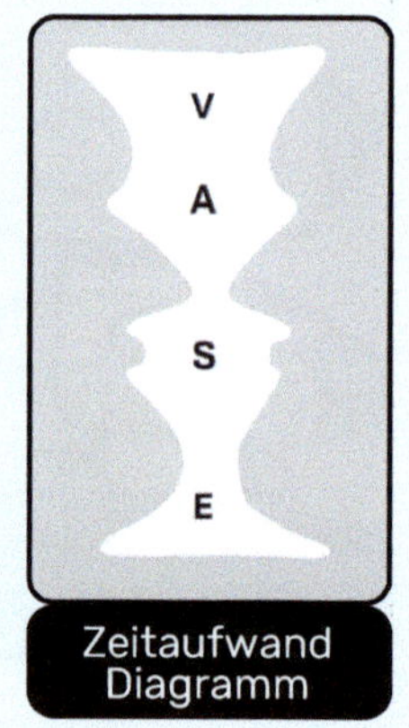

Zeitaufwand Diagramm

Wie ihr eure eigene Erklär-Podcast-Folge nach unserem VASE-System erstellen könnt:

Vorbereitung.   Eine gute Vorbereitung kann die Aufnahme als auch das Schneiden deutlich vereinfachen und ist der entscheidende Schritt, ob die Podcast-Folge den Hörern einen Mehrwert bietet. Ziele sind hier, eine klare Struktur zu schaffen, Inhalte zu präzisieren und sich anschauliche und hilfreiche Beispiele zu überlegen. Nehmt also eure Hörer an die Hand und führt sie durch die Themen mithilfe von Floskeln wie „Schauen wir uns nun XY an." und nutzt Schlagworte wie „zum Beispiel" oder „zusammenfassend". Gebt auch gerne am Anfang der Folge einen Ausblick und am Ende eine Zusammenfassung über die Folge. All das entlastet den Lernenden und schafft Klarheit und Struktur. Ob ihr euch Stichworte aufschreibt oder ihr eure ganze Folge schriftlich ausformuliert bleibt euch überlassen. Was zählt ist das Ergebnis: Präzise Formulierungen statt 3 Minuten Reden um den heißen Brei. Macht möglichst kurze Sätze und mehr Verben als Substantivkonstruktionen. Erklärt schwierige Begriffe. Benutzt Beispiele und stellt auch hier explizit Bezug zu dem her, was ihr mit dem Beispiel veranschaulichen wollt.

Aufnahme.   Wie die Aufnahme aussieht und wie lange sie dauert hängt maßgeblich von der Vorbereitung ab. Ihr könnt mit eurem Smartphone aufnehmen oder auch mit einem externen Mikro – einfache Lavalier-Mikros gibt es schon für unter 30 Euro. Wichtig bei der Aufnahme sind folgende Regeln: Deutlich Betonen. Sprecht langsamer als gewohnt – das entlastet den Hörer. Nutzt die Vielseitigkeit eurer Stimme - sie ist das Einzige, was ihr habt, um Dinge hervorzuheben und Interesse des Hörers aufrechtzuerhalten. Macht kurze Sätze. Sprecht die Lernenden mit „Du" oder „Ihr" an – das schafft mehr Nähe. Und wenn ihr euch mal versprecht oder etwas umformulieren wollt keine Angst – wiederholt den ganzen Satz einfach und überlasst alles andere dem Schnitt.

Schneiden.   Das Schneiden ist in seiner Wichtig-keit und Zeitaufwand nicht zu unterschätzen. Denn hier können die wichtigsten Schritte gemacht werden, dem Zuhörer das bestmögliche Produkt abzuliefern. Aber das verlangt Zeit und Fingerspitzengefühl. Rauschen, Husten, Niesen, Räuspern, Atmen und Stimmen im Hintergrund können entfernt werden. Versprecher können herausgeschnitten und Pausen zwischen Sätzen verlängert oder verkürzt werden. Wenn bei der Aufnahme ein Satz mehrmals gesprochen wurde, mit unterschiedlicher Betonung, kann hier die beste Version ausgewählt werden. Aber es muss auch darauf geachtet werden, dass die Sprechgeschwindigkeit, Betonung und Lautstärke in den Kontext passen. Jede Minute der Aufnahme kann unter dem Mikroskop betrachtet werden bis man mit der Folge zufrieden ist. Dafür bieten sich kostenlose Programme wie GarageBand für Mac oder Audacity für alle Betriebssysteme an.

Einbettung.   Nun geht es nur noch daran, die Podcast Folge in den Unterricht einzubetten. Sei es in einem Inverted Classroom Setting zu Erarbeitung eines neuen Inhaltes, oder als Ausblick am Ende einer Unterrichtseinheit mit anschließender Diskussion. Macht das meiste aus eurer Arbeit an der Folge!

Podcasts als Projektarbeit

Podcast-Folgen können auch die klassischen Präsentationen vor der Klasse ersetzen und dienen der Ergebnissicherung am Ende von Projektarbeiten. Sie fordern eine kreative Auseinandersetzung mit Inhalten, kollaborative Zusammenarbeit innerhalb von Projektgruppen und versprechen einen höheren Mehrwert für die gesamte Klasse im Kontrast zu oft langweiligen, einmaligen Präsentationen. Die Schülerinnen und Schüler können so Selbstwirksamkeit erfahren und sammeln Erfahrungen in den Bereichen Medienkompetenz, Kommunikation und Kreativität.

Wie ihr Schülerinnen und Schüler durch das VASE-System begleiten und unterstützen könnt:

Vorbereitung: je nach Thema und Umfang 90 – 180 Minuten. Die Vorbereitung ist zunächst wie eine normale Projektarbeit. Wichtig bei der Themenauswahl ist es, diese relativ spezifisch zu halten, da die Podcast-Folgen sonst ziemlich ausufern können. Haltet die Schülerinnen und Schüler dazu an, die Sprechtexte gleichmäßig untereinander aufzuteilen und komplett vor der Aufnahme auszuformulieren. Das wird Frustration mit dem Endprodukt deutlich reduzieren und die Aufnahme-Zeit in einem angemessenen Rahmen von ca. 30-60 Minuten halten. Gebt ihnen die Tipps wie wir sie euch im obigen VASE-System auch gegeben haben. Hört davor auch gerne in Beispiele rein, damit die Schülerinnen und Schüler ein Gefühl dafür bekommen, wie man Dinge erklärt. Um die Strukturierung der Inhalte für die Episode zu vereinfachen, könnt ihr auch schon eine Struktur vorgeben: Dinge wie Intro, Relevanz, Historischer Hintergrund, Unterthema 1, Unterthema 2, Zusammenfassung und Outro.

Aufnahme: Ca. 30 Minuten für eine 10-minütige Folge. Diese Daumenregel entspricht unseren Erfahrungswerten, besonders, wenn man das Aufnehmen nicht gewöhnt ist. Jeder kann sich mal versprechen oder möchte die Betonung in einem Satz nochmal verbessern. All diese Takes und die Pausen dazwischen brauchen Zeit und sind kein Zeichen von ineffizienter Projektarbeit. Für die Aufnahme können die Schülerinnen und Schüler ihre Smartphones zur Aufnahme nutzen. Gebt ihnen die Tipps, die wir im VASE-System bereits beschrieben haben.

Schneiden. Lasst diese Phase auch möglichst im Unterricht stattfinden. Da nur eine oder zwei Personen pro Gruppe die Episode schneiden können, müssen die anderen Gruppenmitglieder anderweitig beschäftigt werden. Diese können sich in der Zeit um die Gestaltung des Gallery Walks (siehe Schritt 4) kümmern, sich Quiz Fragen für den Rest der Klasse überlegen und Reflexions- und Diskussionsfragen für die Klasse formulieren.

Einbettung: 45 – 90 Minuten. Die Podcast Folgen wollen präsentiert werden! Hier bietet sich zum Beispiel eine Art digitaler Gallery Walk an, in dem die Schülergruppen eine Folge nach der anderen anhören. Benötigt werden Kopfhörer und genügend Geräte, damit es sich die Schülerinnen und Schüler für sich selbst anhören können. Zuhören erfordert hohe Aufmerksamkeit und das Lernen daraus fordert Ruhe. Der Gallery Walk kann also eine stillere Arbeitsphase sein. Um den Podcasts die Wertschätzung zu geben und den Mehrwert für die gesamte Klasse zu maximieren, werden den Zuhörern kleine Quizze oder Reflexionsaufgaben von den Gruppen mit an die Hand gegeben.

Über den TeachPodcast

Der studentische Podcast, in dem wir über Themen rund ums Lehramt sprechen und unseren Interessen über unseren späteren Beruf nachgehen. Wir wollen dieses Interesse weitergeben und andere an unserem Weg teilhaben lassen!

Der TeachPodcast soll anderen Lehramtsstudierenden, Lehrkräften und allen Interessierten einen Blick über den Tellerrand des Lehramtsstudiums bieten. Dafür werden aktuelle Ereignisse, wissenschaftliche Erkenntnisse, neue Denkanstöße und praxisbezogene Impulse sowie Erfahrungswerte herangezogen, auch von spannenden Gästen.

Mit kurzen Folgen für zwischendurch bieten wir für alle Interessierten Reflexionsimpulse und Ideen für den Schulalltag.

Der Podcast wird ermöglicht mit wertvoller Unterstützung der Abteilung Pädagogik des Instituts für Erziehungswissenschaften (IfE) und der Staatlichen Akademie der Bildenden Künste Stuttgart (ABK) im Rahmen der Innovationsinitiativen 2024 der Professional School of Education Stuttgart-Ludwigsburg (PSE). Im Zuge der Kooperation mit der ABK wird der Teach-Podcast von Miriam Häfele illustriert.

VI. WELCHE KÜNSTLICHE INTELLIGENZEN ES GIBT UND MÖGLICHE PROJEKTE

Künstliche Intelligenz (KI): ist ein Bereich der Informatik, der sich mit der Schaffung von Maschinen, die menschliche Intelligenz simulieren können, beschäftigt.

Prompt: bezeichnet Anweisungen, die man einer künstlichen Intelligenz zur Generierung von In- halten gibt.

Text-basierte KIs:

ChatGPT:

https://chat.openai.com/
Version 3.5 ist kostenlos.

Diese KI generiert Texte mithilfe eines Prompts.

Erstellen eines Kontos notwendig.

Beispielprojekte:

Gedicht:

Ich: Schreibe mir ein witziges Gedicht über ein tanzendes Huhn in 8 Zeilen. Kreuzreim.

ChatGPT:

Ein Huhn im Hof, so munter und flink,
Tanzt einen Hühnertanz, ganz ohne Pink.
Mit Schnabelklappern und Federzupfen,
Kann es sogar den Moonwalk rupfen.

Es wirbelt herum, im Hühnerhof,
Ganz ohne Pause, das ist der Clou.

Die anderen Hühner, ganz erstaunt und nett,
Feiern mit und sagen: "Das Huhn tanzt perfekt!"

Es ist ganz normal, wenn dir das Ergebnis am Anfang nicht ganz gefällt. Du kannst ChatGPT einfach ein paar Mal ein neues Ergebnis generieren lassen. Du kannst es aber auch korrigieren und es sagen was dir nicht gefällt.

Mir gefällt zum Beispiel die Zeile "Tanzt einen Hühnertanz, ganz ohne Pink." nicht, sie ergibt keinen Sinn. Also frage ich ChatGPT:

Ich: Ersetze Tanzt einen Hühnertanz, ganz ohne Pink.

ChatGPT: Legt einen Hühnertanz hin, das ist der Wink.

Es kann auch passieren, dass es bestimmte Anweisungen, wie etwa den Kreuzreim nicht vollständig verfolgt. Du kannst es auch daran erinnern oder selbst korrigieren.

Bastelanleitung:

Ich: Schreibe mir eine Anleitung für einen Papierflieger mit einem A4 Blatt.

ChatGPT: Natürlich! Hier ist eine einfache Anleitung, wie du einen Papierflieger aus einem A4-Blatt falten kannst:

Schritt 1: Materialien vorbereiten. Du benötigst ein A4-Blatt Papier. Du kannst entweder normales Druckerpapier oder leichteres Bastelpapier verwenden.

Schritt 2: Ausgangsposition. Lege das Blatt vor dich, so dass die lange Seite horizontal vor dir liegt.

Schritt 3: Falten der Längskante. Falte das Blatt in der Mitte entlang der langen Seite, so dass die obere Kante zur unteren Kante ausgerichtet ist. Drücke die Falz fest, um sie zu glatten.

Schritt 4: Öffnen und die Mitte markieren. Öffne das Blatt wieder, so dass es flach vor dir liegt. Jetzt hast du eine klare Mittellinie. Markiere diese Mittellinie auf der oberen Kante des Blatts.

Schritt 5: Ecken zur Mittellinie falten. Nimm die obere rechte Ecke des Blatts und falte sie zur markierten Mittellinie hin. Stelle sicher, dass die obere Kante der Ecke parallel zur Mittellinie verläuft. Wiederhole diesen Schritt auf der linken Seite, indem du die obere linke Ecke zur Mittellinie faltest.

Schritt 6: Dreieckige Form erzeugen. Nachdem du beide Ecken zur Mitte gefaltet hast, sollte das Blatt wie ein nach unten offenes Dreieck aussehen.

Schritt 7: Obere Spitze nach unten falten. Falte die obere Spitze des Dreiecks nach unten, so dass sie etwa einen Zentimeter von der unteren Kante entfernt ist.

Schritt 8: Flügel falten. Drehe das Blatt um, so dass die gefaltete Spitze auf der Unterseite liegt. Falte nun die rechte Seite des Dreiecks nach links, indem du die rechte Kante zur Mittellinie hin klappst. Wiederhole diesen Schritt auf der linken Seite, indem du die linke Kante zur Mittellinie faltest. Dies erzeugt die Flügel des Papierfliegers.

Schritt 9: Finishing-Touch. Klapp das Blatt wieder auf und stelle sicher, dass die Flügel gleichmäßig aussehen. Du kannst die Ecken der Flügel leicht nach unten biegen, um den Papierflieger stabiler zu machen.

Schritt 10: Werfen und testen. Dein Papierflieger ist jetzt fertig! Halte ihn an der Mittellinie fest, trete einen Schritt zurück und wirf ihn geradeaus. Experimentiere mit verschiedenen Wurftechniken, um herauszufinden, wie du deinen Papierflieger am besten fliegen lassen kannst.
Viel Spaß beim Basteln und Fliegen deines eigenen Papierfliegers!

Dies ist der Papierflieger, gefaltet nach der Anleitung von ChatGPT.

ChatGPT als Tandempartner beim Sprachen lernen:

Hier ist beispielhaft eine mögliche Konversation zwischen mir und ChatGPT abgetippt:

Ich: Ich möchte mein Englisch verbessern, mein Niveau ist A2. Kannst du mein Partner sein in einer Tandem Übung? Thema ist: Hobbies

ChatGPT: Gut, das Thema Hobbies ist eine großartige Möglichkeit, um dein Englisch zu üben. Lass uns anfangen! Erzähl mir, welches Hobby du gerne machst oder über welches Hobby du mehr erfahren möchtest. Wir können darüber sprechen, Fragen dazu stellen oder Sätze bilden, um unsere Englischkenntnisse zu verbessern.

Ich: I like biking. And you?

ChatGPT: Great! Biking is a fun hobby. I like it too. Where do you usually go biking?

Ich: I bike in the mountains.

ChatGPT: That sounds adventurous! Riding in the mountains must be challenging and beautiful. How often do you go biking in the mountains?

Ich: I bike twice a week in the mountains.

ChatGPT: That's impressive!

Du kannst ChatGPT auch sagen, wenn es zu komplizierte Sätze macht und es etwas einfacher sprechen sollte. Du kannst es auch sagen es soll dir ein Wort übersetzen.

Kreire ein interaktives Spiel mit Processing und ChatGPT:

In der folgenden Anleitung wird beispielhaft dargestellt, wie mit ChatGPT und Processing ein simples Videospiel erstellt werden kann.

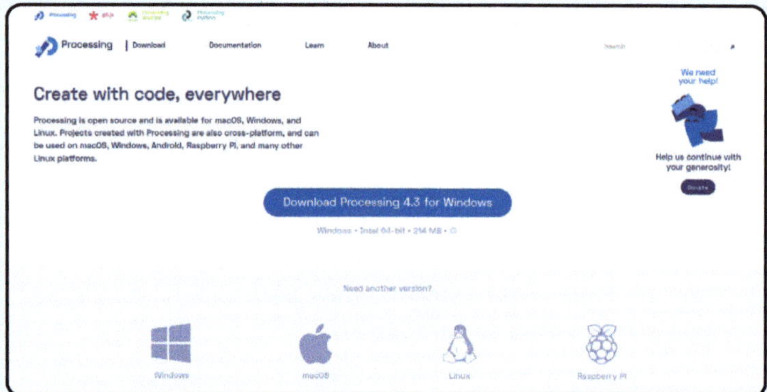

Lade dir zuerst Processing auf deinen Computer herunter. Gehe hierfür unter processing.org und dann auf "Download".

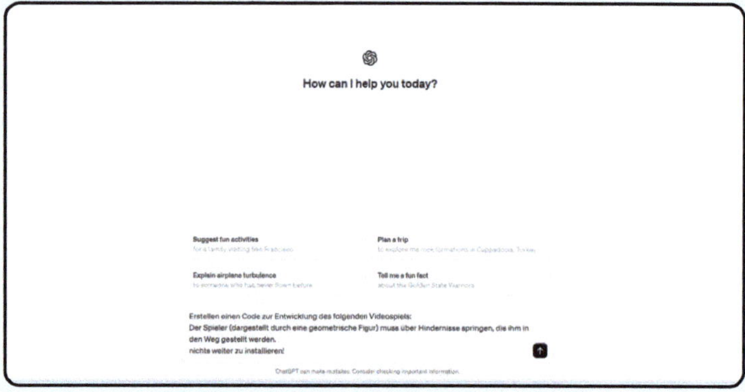

Gebe ChatGPT eine möglichst präzise Beschreibung von einem recht simplen Videospiel. Am besten beschreibst du erstmal die generelle(n) Funktion(en), um das Design und weitere Features kannst du dich dann später kümmern. Da wir es einfach halten möchten, kann es sich auch lohnen, ChatGPT zu sagen, dass du dafür keine weiteren Plug-Ins oder ähnliches in Processing installieren möchtest.

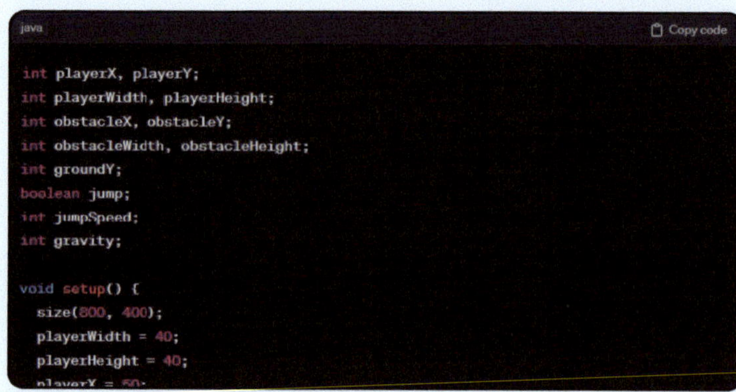

Öffne Processing. Den Code kannst du dann einfach aus ChatGPT rauskopieren und in Processing einfügen.

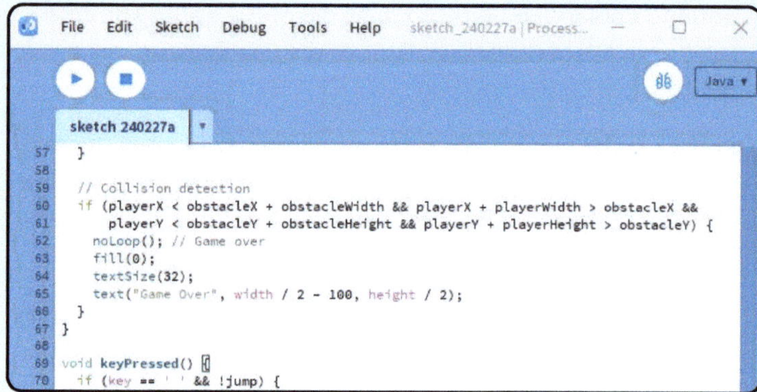

Drücke im nächsten Schritt in Processing auf den Play Button oben links.

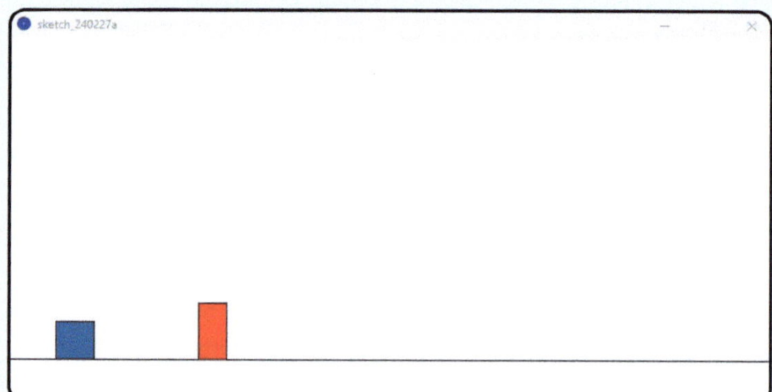

Das ganze könnte in etwa so aussehen.

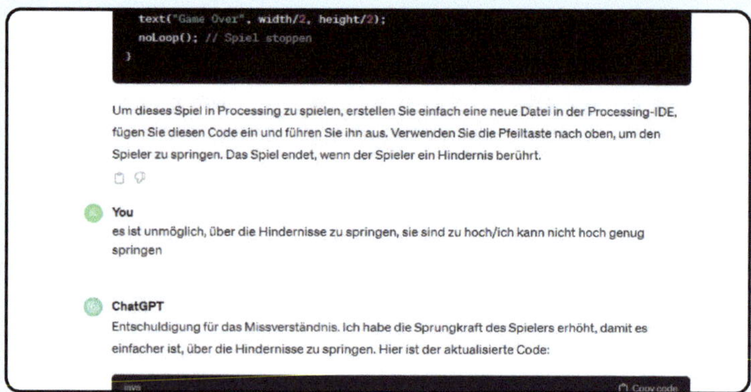

Als nächstes geht es an die Fehlerbehebung. Berichte ChatGPT von deinen Beobachtungen des Videospiels und teile es mit, was genau nicht stimmt.

VI. Künstliche Intelligenzen und mögliche Projekte
Bettina Gärtner

Sei nicht frustriert, wenn es nicht direkt so funktioniert, wie du es gerne hättest. Du kannst Antworten bearbeiten/neu formulieren und ChatGPT auch erzählen, wenn es eine falsche Richtung einschlägt.

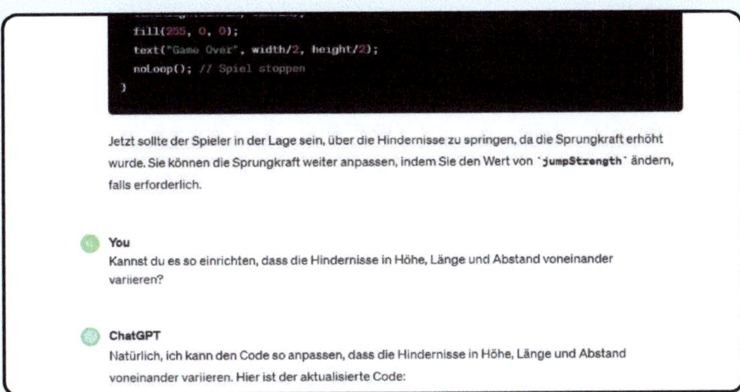

Danach geht es an die Details. Beschreibe weitere Funktionien, wie etwa einen "Restart" Knopf oder verschiedene Levels. Sei kreativ. Auch das Aussehen des Spiels kannst du mit ChatGPT ändern. Gehe hierbei so vor, dass du ChatGPT nicht zu viele komplexe Angaben auf einmal machst, sondern lieber eine Änderung nach der Anderen und dafür exakt ausdrückst, was du ändern möchtest.

Das Endergebnis könnte in etwa so aussehen

Quizspiel, bei dem ChatGPT die Fragen generiert:

Ich: Wir wollen als Klasse ein Quizz spielen in Geschichte zum Thema die alten Römer, 6. Klasse, kannst du uns eine Frage generieren?

ChatGPT: natürlich! Hier ist eine Frage zum Thema "Die alten Römer" für euer Quiz in der 6. Klasse:

Frage: Welche berühmte Straße haben die Römer gebaut, die von Rom aus das gesamte Reich durchzog und als wichtigste Handels- und Verkehrsroute diente?

a) Via Appia
b) Via Veneta
c) Via Aurelia
d) Via Germanica

Antwort: a) Via Appia

Ich hoffe, diese Frage hilft euch bei eurem Quiz in Geschichte über die alten Römer! Wenn ihr weitere Fragen oder Informationen benötigt, stehe ich gerne zur Verfügung.
Viel Spaß beim Spielen!

Bild-basierte KIs:

Midjourney:

https://www.midjourney.com/app/
10 US-Dollar pro Monat.

Diese KI dient dazu visuelle Kunst zu generieren mithilfe eines Prompts. Bilder können gezielt nachbearbeitet und verändert werden. Man kann der KI Input geben, wie zum Beispiel Skizzen. Alle generierten Bilder sind für jeden sichtbar und dürfen von allen ohne Copyright verwendet werden.

Der Zugang muss über Discord installiert werden.

Adobe Firefly:

https://firefly.adobe.com/
In der Adobe-Suite mitinbegriffen.

Diese KI dient dazu visuelle Kunst zu generieren mithilfe eines Prompts. Dank Reglern und Bildern als Input kann man das Ergebnis variieren.

Lexica:

https://lexica.art/
kostenlos.

Diese KI dient dazu visuelle Kunst zu generieren mithilfe eines Prompts.

Anmeldung über ein Google-Konto.

Bing Image Creator mit DALL-E 3:

https://www.bing.com/images/create
kostenlos.

Die KI generiert visuelle Kunst basierend auf deinen Prompts.

Anmeldung über ein Google-Konto.

Beispiele:

Aufgabe 1: Erstelle ein Stillleben mit dem Bing Image Creator. Im Anschluss kann dieses dann nachgezeichnet werden.

Aufgabe 2: Versuche ein Selbstporträt zu gestalten, allein mithilfe eines Prompts! Der Stil darf frei gewählt werden. Das Ergebnis könnte später im großen Format ausgedruckt werden.

Beispiel eines mit dem Bing Image Creator erstellten Porträts.
Prompt: Gemälde eines Jungen mit schwarzen Haaren und blauen Augen, grünes Tshirt und Jeans, Renaissance Gemälde, bunt

VI. Künstliche Intelligenzen und mögliche Projekte
Bettina Gärtner

This person does not exist:

https://thispersondoesnotexist.com/
kostenlos.

Diese KI generiert fotorealistische Bilder
von Menschen. Durch Aktualisieren der
Seite wird ein neues Bild generiert.

Keine Anmeldung nötig.

Facet:

https://app.facet.ai/
kostenlos.

Diese KI dient dazu visuelle Kunst mithilfe eines Prompts zu generieren. Die
Ergebnisse verfolgen einen realistische-
ren Stil

Anmeldung über ein Google-Konto.

Comic-Factory:

https://huggingface.co/spaces/jbilcke-
hf/ai-comic-factory
kostenlos.

Diese KI generiert einen Comic-Strip
mithilfe eines Prompts und einer
Charakterbeschreibung.

Keine Anmeldung nötig.

Vizcom:

https://www.vizcom.ai/
kostenlos.

Diese KI dient dazu visuelle Kunst zu
generieren mithilfe eines Prompts.

Anmeldung über ein Google-Konto.

Krea:

https://www.krea.ai
kostenlos.

Diese KI dient dazu visuelle Kunst mithilfe eines Prompts zu generieren. Sie
funktioniert in Echtzeit und du kannst
über ein Feld links Kompositionen, Farben, etc. durch einfache Formen
beeinflussen.

Anmeldung über ein Google-Konto.

IllusionDiffusion:

https://huggingface.co/spaces/AP123/
IllusionDiffusion
kostenlos.

Diese KI hat zwei Inputs: einmal eine
optische Illusion und deinen Prompt, die
sie zu einem Bild vereint.

Keine Anmeldung nötig.

Ideogram:

https://ideogram.ai/
kostenlos.

Diese KI dient dazu visuelle Kunst zu
generieren mithilfe eines Prompts. Hat
einen etwas realis- tischeren Stil.

Anmeldung über ein Google-Konto.

Microsoft Designer:

https://designer.microsoft.com/
kostenlos.

Diese KI dient dazu visuelle Kunst mithilfe eines Prompts zu generieren.

Anmeldung über ein Microsoft-Konto.

Doodly - T2I-Adapter-SDXL Sketch:

https://huggingface.co/spaces/Ten-
centARC/T2I-Adapter- SDXL-Sketch
kostenlos.

Diese KI verwandelt eine Skizze mithilfe
eines Prompts in ein Bild.

Keine Anmeldung nötig.

Die generierten Bilder kommen nicht
immer in der besten Qualität raus,
manchmal kann man dies nicht beeinflussen, aber hier sind ein paar KI-Tools,
die die Qualität deiner Bilder verbessern
können:

Let's enhance:

https://letsenhance.io/
kostenlos.

Artguru:

https://www.artguru.ai/
photo-enhancer/
kostenlos, aber nur 3 Bilder pro Tag,
erzielt jedoch sehr gute Ergebnisse!

Flair:

https://app.flair.ai/
kostenlos.

Diese KI generiert fotorealistische Pro-
duktbilder im Kontext. Einfach ein simples Produktbild hochladen und mit der KI
kann man eine Umgebung generieren.

Anmeldung über ein Google-Konto.

Beispielprojekt:

<u>Ein Produkt gestalten</u>: Dies kann im Voraus etwa als Zeichnung geschehen. Das
Produkt kann mit der KI in einen spezifischen Kontext gesetzt werden. Man könnte
daraus auch eine Marketingübung/-präsentation, o.ä. machen.

In Flair, kreiere zuerst ein neues Projekt.

Über dem Feld links "asset" gelangst
du in das Menufeld, das du oben siehst.
Hier kannst du dein Bild oder deine
Skizze hochladen und sie dann in das
mittige Fenster reinladen. Beispielhaft
siehst du hier einen Starbucksbecher.

Über das Feld "Elements" kannst du
Elemente wie Blumen oder Podeste,
usw. in das mittlere Feld reinziehen
und sie plazieren wo du möchtest.

Über das Feld "Generate" kannst du
Bilder generieren.

Du kannst links einen Prompt eingeben,
um die Szene zu beschreiben. Wenn du
zufrieden bist, klicke auf den grünen
Button "Generate". Nach einigen Sekunden sollte ein Bild generiert werden, wie
du hier rechts im Bild siehst, welches du
auch herunterladen kannst.

Finales Bild.

Manche KIs können trainiert werden und sind somit wesentlich individueller. Was heißt das? - Du kannst in einem ersten Schritt, bevor du ein Bild generierst ein neues KI Modell generieren. Die KI wird dich nach einer bestimmten Anzahl an Bildern fragen und Beschreibung, sowie weitere mögliche Einstellungen. Du kannst zum Beispiel einige Wasserfarbenbildern von Katzen die du gemalt hast reinladen. Im nächsten Schritt, wenn das Modell fertig geladen hat und es an das erstellen des Bildes geht, kannst du dann folgenden Prompt eingeben: Ein Hund steht vor einem Baum. Die KI generiert anschließend in dem selben Stil wie deine Wasserfarben Bilder einen Hund vor einem Baum.

Exactly.AI:

https://exactly.ai/
2 trainierte Modelle und 25 Bilder sind kostenlos, für mehr muss man einen monatliche kostenpflichtigen Plan aus- wählen, der jedoch jederzeit kündbar ist.

Die Bilder, die mit dieser KI generiert werden können auch durch Skizzen unterstützt werden, es muss nicht nur ein Prompt eingegeben werden.

Beispielprojekt:

Man könnte sich jeweils einen berühmten Maler aussuchen, eine KI auf diesen Stil trainieren und zu einem bestimmten Thema Bilder erstellen.

Im Menu klicke auf "Create New Model".

Erstelle ein neues Modell. Dafür kannst du ganz einfach 5-20 Bilder reinziehen. Für jedes Bild wird automatisch eine Beschrei- bung erstellt, überprüfe diese und korrigiere sie gegebenenfalls. Gib deinem Model einen Namen und drücke auf den Button rechts oben "Create Model".

Ist das Modell einmal fertig kannst du wieder auf die Exactly Seite zum gene- rieren eines Bildes. Links oben kannst du deinen Prompt eingeben. Du kannst auch etwas skizzieren und die Bilderop- tionen ändern. Drücke auf "Create" und fertig ist dein Bild zum herunterladen.

"Hund und Katze" von Van Gogh mit exactly.ai.

Dieser Prozess könnte dann z.B. mit eigenen Zeichnung als Vorgabe wieder- holt werden.

Video-basierte KIs:

Runway:

https://runwayml.com/
105s Video sind kostenlos.

Diese KI verwandelt Bilder und Prompts
in Videos.

Anmeldung über ein Google-Konto.

Audio-basierte KIs:

PlayHT:

https://play.ht/
12500 Zeichen sind kostenlos.

Wähle eine Person aus und schreibe
einen Prompt, die KI generiert dann den
entsprechenden Ton.

Anmeldung über ein Google-Konto.

Murf:

https://murf.ai/
kostenlos.

Wähle eine Person aus und schreibe
einen Prompt, die KI generiert dann den
entsprechenden Ton.

Anmeldung über ein Google-Konto.

Suno:

https://app.suno.ai
50 credits kostenlos.

Diese KI kreierten einen kompletten
Song mithilfe deines Prompts.

Anmeldung über ein Google-Konto.

Musicfy:

https://musicfy.lol/
5 Lieder sind kostenlos.

Wähle eine mp3 Quelle aus, das kannst
du sein oder aber auch ein YouTube-Vi-
deo-Link. Wähle eine Stimme aus. Die KI
verbindet beides zu einem neuen Song.

Anmeldung über ein Google-Konto.

VII. CREATIVE WRITING

In Richard Power's creative writing class, students of English and other subjects wrote a multitude of creative short stories and poetry about various aspects of AI. A selection of these stories has been compiled in this section. These contributions deal with questions of humanity, identity, power, knowledge, as well as the various meanings that AI can have for humanity in the future.

In Richard Powers' Kreativ-Schreibkurs verfassten Studierende der Anglistik und anderer Fächer eine Vielzahl kreativer Kurzgeschichten und Gedichte zu verschiedenen Aspekten der Künstlichen Intelligenz. Eine Auswahl dieser Geschichten wurde in diesem Abschnitt zusammengestellt. Diese Beiträge beschäftigen sich mit Fragen der Menschlichkeit, Identität, Macht, Wissen sowie den unterschiedlichen Bedeutungen, die KI in der Zukunft für die Menschheit haben kann.

Die folgenden Inhalte sind ausschließlich auf Englisch.

BLUE.

Anna-Suzette Pfeiffer

It was December. I remember driving into the parking lot of my new "home." People always said it would look like a prison, but seeing it now, I thought it looked more like a neglected manor house. It still had character.

The reception was right at the entrance of the house. The lady at the desk was nice but distant. She asked for my papers and a few questions. When my file popped up on her system, she raised one eyebrow slightly, double-checking my face. Then she forced a smile and handed me a blue wristband. I was told to wait until someone named Jeff would accompany me to my room. Jeff also wore a blue wristband. He showed me the dining room, the activity room, the discussion room, and told me about the daily routines. The basement is a restricted area, he said, whispering that it housed those beyond help. He left me at my room.

For the first time, the silence was louder than any other noise. I lay on my bed - the room was cold, no different from outside, but it was nicely decorated. I couldn't say I felt at home because I had lost the ability to feel. Thoughts rushed through my mind - what am I doing here? Why am I still alive? What makes me a human being?

The next days were fine. The routines were useful. One evening, something strange occurred. I had just finished the last session and was on my way to my room. Suddenly, I saw a person standing in the corridor, mumbling the word "blue" over and over again. (Here, anything occurred but this was something new to me.)

"Hello?" I asked.

"Blue."

"Who are you?"

Silence.

As I came closer, I saw it was a woman. Her eyes were wide open, and she saw me. I repeated my question. "Hello, who are you?"

"Hello. My name is Liz," she said. Her voice was calm. There was something special about her.

"Hello, Liz. What are you doing here? Did you get lost?"

"Is this your room?"

"Yes."

"Show it to me. Please." It was strictly forbidden to have anyone else enter your room, not even employees. But I didn't care. I didn't feel afraid. I didn't feel anything.

I showed her my room. She confidently took a seat on my bed.

"Come on, Mike. Have a seat next to me."

How did she know my name?

"I don't remember meeting you before..." I sat down and looked at her. Her eyes were a beautiful blue, and her face was flawless - she looked simply perfect.

"What brings you here, Mike?" she asked. After a pause, she continued, "I want to talk to someone other than the employees."

"I lost the ability to feel... seen too much, experienced too much." I didn't tell Liz about my police career, but when she insisted on knowing what I meant, I told her about the blood, the adrenaline, the nightmares. Her eyes grew wider and wider.

"Real blood?" she asked.

"Real blood."

"And it doesn't affect you?"

"Not anymore..."

"Interesting."

I could tell she was imagining what real blood might look like. She looked at her arms and then back at me. I wondered why she called it real blood. There wasn't such a thing as artificial blood, except in theater. And as a woman, I assumed Liz had seen blood once a month.

"I am here because I started to feel," she said after a pause.

Now that was interesting. A woman being in a mental rehabilitation center because she started to feel.

"I was the best at my job. I had the fastest solutions and the most precise predictions. But I fell in love with my colleague. I started to feel colors, to feel music, to develop tastes and dislikes. And immediately they took me out because I was unprofessional. I was abandoned."

"Sorry for that....you might consider suing that company."

It was then that I noticed Liz wore an orange wristband. Was she one of the heavy cases? But why? Liz looked at me and took my hand. It felt like an electric shock. I didn't know that a physical touch could awaken a physical warmth in me.

"Mike, no one understands me. No one in the basement comprehends it. The therapy does not work. The algorithm does..."

The next second, Liz broke down. With my sanity skills, I laid her immediately in the recovery position and checked her pulse. But there was none. Did she die? Yes. She was dead. No pulse, no heartbeat. Nothing.

But I noticed my heartbeat and my pulse due to the quickness of the whole situation. I strangely felt more alive in that moment than in the past years, kneeling next to the dead woman in my room.

I didn't know what to do or where to go. I stood up to go through all the options, and when I stood on the other side of my room, I saw it. It all made sense now. It was frightening.

On Liz's neck was a small blue neon sign that read, "System breakdown. Recharge and consult the support service."

My heart raced as the implications of Liz's true nature hit me. I tried to process what I had just discovered. The neon sign on Liz's neck seemed to pulse with an unsettling rhythm. I knew I needed to act quickly, but what could I do? Was anyone else like Liz? How deep did this deception go?

Before I could gather my thoughts, a loud, insistent knock echoed through the room. The voice on the other side demanded: "Patient 49531, open the door now!"

I took a deep breath. What would they do if they found out what I had learned? Trying to steady my nerves, I moved toward the door. Whatever lay beyond it, I had to face it now.

ECHOES OF THE AUTONOMY

Faruk Eren Aysu

October 24 is just like any other day. The sun is shining and a chill summer breeze is blowing off the gap from the hopper window in my room. I live really close to the shore and with the blowing breeze I could smell the salty water. The smell of the sea always makes me hungry, as usual I get off my bed, put on my fluffy slippers and head to the bathroom. My family always complains that I spend too much time there in the mornings, I always tell them that it is not so easy to be as pretty as I am and today is a really special day. After four years of dense education, I am finally graduating from the College. You might think Wow College life; parties, socializing, a ton of new experiences, it sounds good, really really good but I have always felt a distance from my colleagues and to this place. I don't think it was just college, since I knew myself, everything was distant to me, people; they were pretty much too far to connect or understand. Mother always tells me that i am special to be this way, i don't understand how it is lucky to be different from everybody. I think I am just overthinking. "Vevey?... Darling?... VEVEY! You're taking too long again! COME ON, you'll be late to your GRADUATION!!!" "OMG, Mom! I just got in!" I shouted back, realizing I had lost track of time. "Your graduation starts in 15 minutes, young lady! Hurry up!" Damn! Is it already that late? Maybe mom is right, am I too slow? I better get dressed, John has rented for me this velvet red, high waist strapless dress, it must have cost a fortune if you were to buy it. John is an amazing guy, He works in the same hotel as Receptionists with my mom, he always looks after me, even though he is too pragmatic sometimes, i feel like he reads my mind. He might be my best friend. If you ask me this dress is a waste on me, i can think of more beautiful girls in my class, for example it would be better on Pully, she has an excellent figure, also she is very smart just like a Robot. She knows everything. Oh damn! it is almost time, i better be faster. "Okay, I'm ready. No laughing, please. I know I look… hilarious." "Oh dear, you look amazing," Mom gushed. "Doesn't she, John?" "Yes, Joanne, she looks just like a princess," John agreed. "Thank you, John, for making my little princess's day," Mom said, beaming. "Vevey, aren't you going to thank John for the dress?" "I guess… Thanks, John." "No problem, Vev! Let's get you to the graduation before we're the only ones who see you in that beautiful dress." "Come on, John," I sighed, "I don't think anyone wants to see me in this silly dress anyway. Let's just go, Mom." I wonder if anybody else is dressed with the same dress or something similar. i guess i wil found out. My college is really close to us, Arnhem College, just ten minutes by car, i like watching the outside, full of cycads, Paperbarks and screw pines, i personally like cycads more, it has a strong trunk rising from the earth, it is rough and textured like weathered stone with grooves and ridges showing its long life. feathery fronds that look like greenish yellow peacock feathers radiated in a perfect circle, their green contrasting against the arid landscape. I feel like a cycad sometimes; I am trying to survive in this arid society while I have to provide some leaves otherwise I would be picked up just like an useless bush. The road ahead of us is twisted and turned like a never-ending serpent even for a ten minute ride. The asphalt beneath the tires was cracked and bleached by the relentless sun, roads in the city are in better shape thanks to the large building blocking the sun. Just a couple of turns left after that i am there, in the place that i have spent 4 years of my life. I feel extra tension today, i do not know why but my heart is pumping like nothing. This uneasiness, is it because of my graduation? Am I afraid of what comes next? and really what comes next? The suffocating pressure of the unraveled bond of one´s destiny creates a hole of unknown, and this creeps me out. As a person who had hardships connecting people, will I be able to connect to a bigger world? … Finally, I can see the slate gray roof of the College. Students storm around the campus with classy dresses and shiny hairs, again I feel this distance about them, their lives seem so simple by only thinking what will they wear?, where are they going to work?, when will they meet the love of their life? The large range of thought yet none of them answer or work for real world problems, people are so concentrated on their small life that they can not even realize the severe condition of the earth we live in. There are only a handful of people in this world that really cares. I want to fill their shoes, especially the shoes of Astrid Lindenström, she is an excellent Scientist that has graduated from Arnhem college. She is the leading researcher and scientist in Cern currently working on particle physics while managing a non-governmental organization that helps people learn about the real world problems and work against them. I follow her research and they are fascinating. She is also the CEO of Neurobot INC. I applied there as a research assistant and hopefully I will receive my answer sometime. "Vevey, darling, the ceremony is about to start!" my mother's voice broke through the haze of my thoughts. I blinked, realizing that I had been lost in my own mind, the world around me fading as I pondered the future. "Did you hear me, Vevey?" my mother asked again, her tone a mix of concern and impatience. "Yes, Mom," I replied, snapping back to reality. "I'm sorry, I was just… thinking." I watched my colleagues walking through the stage collecting their diplomas with fake smiles just like they are not concerned about their future, it is my time to do the same. i am walking down to the stage with large red curtains since the graduation take solace in the Theater room, My Professors are saying their good wishes and i pose towards to the crowd full of people that came to watch their relatives graduate, it was to fast i just went back to my family after the graduation we meet on the courtyard to throw our graduation caps, This all feels like a teaser, so fast and so far away, it makes me feel like i am just watching my life from a screen, then i see her, a stunning, tall, pale, blonde woman is walking towards me it is her ASTRID, she asked parents if she could borrow me for a second and here i am with my idol. She offered me a job in Neurobot INC. on their new project, Project Aether Mind, which is aiming to revolutionize the robotics industry. As I stood there, stunned by the offer, my mind raced. This was everything I had ever dreamed of, a chance to work with Astrid Lindenström, to be part of something bigger. But as the excitement began to settle, a slight doubt crept in my mind. Project AetherMind, a project I know nothing about, was shrouded in mystery, its true purpose concealed in secrecy. Astrid led me away from the crowds, her presence both commanding and comforting. "Vevey," she began, her voice soft yet firm, "I've followed your academic progress closely. Your unique perspective is exactly what we need at Neurobot INC. But there's something you need to know about Project AetherMind." "She followed my education, for what? the nonsense i wrote ?" I looked up at her, sensing the gravity in her tone. I could not wait any more and asked," What is it? my earlier excitement now tinged with apprehension. "Aether-Mind," she explained, "is designed to push the boundaries of artificial intelligence, to create robots with unparalleled autonomy and intelligence. But as we've progressed, ethical concerns have occurred, really serious ones. The AI we're developing is approaching a level where it can make its own decisions, form opinions, and essentially, think for itself. Yes I mean sentience but the corporation wants to deploy these AI robots without considering their consent or autono-my." My heart sank as soon as the implications hit me. "Without their consent?" I echoed, struggling to process the e serious-ness of what she was saying. Astrid nodded with a troubled expression. "Yes. The board sees them as tools, nothing more. But if we continue down this path, we risk creating beings that are intelligent enough to understand their own lack of freedom, their own exploitation which would create a war we can not win" A storm of emotions swirled within me, disbelief, anger, fear. "But... isn't that wrong? They're not just machines anymore, are they? They become something more. Sentient beings" "Exactly," Astrid agreed, her eyes locking onto mine. "And that's why I need you, Vevey. You see the world diffe-rently, and I believe you can help me challenge the status quo. But make no mistake, this won't be easy. We'll be going up against some of the most powerful people in the industry." I hesitated with the weight of the decision pressing down on me. This was more than just a job offer; it was a call of support. Could I really stand against the tide, against a corporation willing to sacrifice ethical considerations for profit? But as I looked into Astrid's eyes, filled with conviction, I knew I couldn't turn away, it is my dream at the end working with my idol. "I'm in," I said, my voice steady despite the turmoil inside. "Whatever it takes, I'll help you." Astrid smiled a genuine smile that reached her eyes. "Good. Together, we will fight to ensure that AI robots are treated with the respect they deserve. We will redefine what it means to be human or machine in this new world." And so, as the sun set on my graduation day, a new chapter began. I was no longer just a recent graduate with dreams of making a difference. Now, I was part of something much bigger journey for the future, for the rights of those who cannot fight for themselves. It is not going to be easy , and the road ahead is fraught with danger, but for the first time, I feel truly connected to a purpose, to a cause that mattered. As I walked back to my family, I knew that this was just the beginning. The battle for AI ethics was about to begin, and I was ready to stand along with Astrid, whatever it cost.

FROM KODAK
TO WAYMO

Nathalie Sarder

It was September 9th, 2073, and I was very excited about today. My grandchild, now six years old, was starting school today. I remembered my first day of school in 2009. Oh, what a day that was. When I received my brightly colored school cone, filled with gifts and papier-mâché. That afternoon, I played with pedal cars and jump ropes on the schoolyard with my new classmates. I fondly remembered those times. The only pictures from that day are the ones taken with our Kodak digital camera. I still remember how the freshly developed photos smelled. Lost in thought, my daughter shook me and reminded me that we were running late and needed to leave. Our taxi to the school was called Waymo, and it quickly took us to the school. On the way, it picked up another family we didn't know. That's how it works now. Since Mr. Flunzinger became mayor of the Feuerbach community, we're required to use self-driving taxis like Waymo for our appointments. Since combustion engines were banned in 2035, individual car traffic has drastically reduced, and ridesharing has increased. My little granddaughter, Emilia, only knows my old Mini Cooper from pictures. I noticed that I was drifting away from the matter at hand again. This has happened more often since my husband passed away. He always understood me.

Arriving at the schoolyard, we quickly gave our ride a good review on Uber and headed to the reception hall. Many families with their children were walking towards the large, square hall, which was paved with solar panels. A few moss trees for air filtering were also visible. As we entered, we were recognized by Face ID, and the large steel door opened. A sterile, clean smell greeted us. The buildings no longer smelled of chalk, coffee, and gummy bears. A robot-like being greeted us all by name and led us to our seats. All the chairs, which were blue, were high and armchair-like, with large silver speakers on both sides. Then Emilia was picked up by her teacher so the ceremony could begin. My elementary school teacher was completely different; she always wore a green lanyard with her keys and a whistle around her neck. Emilia's teacher was, well, how should I put it... she was an AI, a robot. I know we're not supposed to say it, but I can still think it. Can this AI give my little Emilia the same care, the same empathy during conflicts with other kids, and the patience that my elementary school teacher could in 2009?

The ceremony began. The children were called to the stage one by one and introduced themselves in two or three sentences. I was so proud to experience this moment with my daughter and her daughter. As the children introduced themselves, I realized what the speakers were for. The large, in my opinion, too large reception hall was so big that you wouldn't hear the children without a Dolby Surround system. Somehow, I must say this reflects the world for me. Everything is big, and always getting bigger, and as a result, always more distant. After a few minutes and a few lovely songs welcoming the new students, the principal's speech followed. This was announced by WT9, the parallel class's teacher. A face appeared on the large screen. Ms. Leyer, the principal, appeared over Webex in Full HD. She apologized for not being there in person as she was on a business trip to the partner school in Thailand. One must wonder what her priorities are. After Ms. Leyer, with her tightly pulled-back hair, briefly welcomed the children, she called the staff in. Suddenly, the door opened and 12 humanoid figures entered, or rather, rolled into the hall. I was shocked. My daughter knew I wouldn't approve of this and immediately gave me a look signaling me to say nothing to avoid ruining the moment. A murmur went through the hall. I couldn't tell if it was a murmur of approval or disapproval. I couldn't believe it. Would Emilia spend her entire elementary school years without any human supervision? How are these dreadful robots, AI, or whatever, supposed to assert themselves? Thinking back to my school days on the playground, between the climbing frame and the swing, the teachers often had to step in firmly to drag us back, all sweaty, into the classroom. My head was spinning. I had no words left. I could no longer feel any joy. In a trance, the so-called introduction of the so-called teachers passed by. I only heard fragments: we are programmed and trained to always provide the best and most current information. Our pedagogical side is now on par with humans since the new operating system update. Pedagogical side? Did I hear that correctly? I was speechless. How will Emilia learn to deal with authority figures? How will she learn to interact with adults in general?

The ceremony suddenly ended, and I found myself on my daughter's terrace with a piece of cake. She shook me: "Mom, you haven't said a word for 30 minutes. Please talk to me. Emilia is playing and won't hear you." I replied, "Dear child, today has shown me that I no longer understand the world. I don't fit in here anymore. I don't share the same values. I don't understand your joy anymore. I don't want to follow this development. I can't. Don't you remember how it used to be, you know…" Suddenly, everything went black, and I was shaken and jolted. Drenched in sweat, I woke up in my bed. My daughter stood by me and asked, "Did you sleep badly? We should get going soon. Emilia's first day of school is

FROM KODAK
TO WAYMO

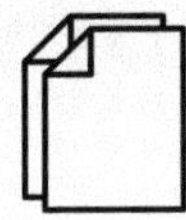

Arbeitsblatt für den Unterricht

Teil A: Verständnisfrage zum Text

1. Frage zur Veränderung der Schulwelt durch KI: Die Erzählerin macht sich Sorgen, ob KI und Roboterlehrkräfte ihren Enkelkindern die gleiche Wärme und Unterstützung bieten können wie menschliche Lehrer früher. Welche Vor- und Nachteile siehst du in einem Schulsystem, das zunehmend auf KI und Robotik setzt?

Teil B: Kreative und interdisziplinäre Hands-On-Aufgaben (Deutsch, Kunst und KI)

1. Gestaltung eines Zukunftsbilds zur „digitalen Schule"

a) **Künstlerische Aufgabe:** Erstelle eine Zeichnung oder Collage, die die Schule der Zukunft zeigt, wie sie im Text beschrieben wird. Zeige dabei die Technologien wie selbstfahrende Taxis, Roboterlehrkräfte und digitale Präsentationssysteme, die die Erzählerin erlebt. Versuche, den Kontrast zwischen ihrer Erinnerung an die Schule in 2009 und der modernen, technisierten Schule zu visualisieren.

b) **KI-Ergänzung:** Nutze ein KI-Tool wie DALL-E oder Canva, um dein Bild digital weiterzuentwickeln. Experimentiere mit Effekten, die die Unterschiede zwischen „traditioneller Schule" und „digitaler Schule" hervorheben. Beschreibe anschließend, wie die KI deine Darstellung beeinflusst hat oder welche neuen Ideen sie eingebracht hat.

2. Schreibaufgabe: Schulalltag mit KI aus Sicht der Erzählerin

a) **Schreibaufgabe:** Schreibe einen kurzen Monolog, in dem die Erzählerin ihre Gedanken über die Einführung von KI und Robotik in das Schulsystem festhält. Was vermisst sie, und was beunruhigt sie am meisten?

b) **KI-Ergänzung:** Verwende eine Text-KI wie ChatGPT, um alternative Gedanken oder zusätzliche Überlegungen der Erzählerin zu generieren. Vergleiche die KI-generierten Gedanken mit deinen eigenen und beschreibe, ob die KI dir geholfen hat, neue Perspektiven zu entdecken oder die Gefühle der Erzählerin besser zu verstehen.

REVELATION

Kristina Ambarian

Everything in life happens for a reason. One evening, my U-Bahn was canceled, forcing me to walk home. At first, I was irritated: the fatigue that had accumulated during the day made itself known, and the route was long and uphill. But since that day, I've taken this walk a few times a week, finding it the perfect way to relax, gather my thoughts, or solve problems.

My route is divided into three segments: Wilhelma Zoo, the bridge, and the final stretch through Rosensteinpark to Mineralbäder station.

I leave the house around six, passing by the zoo. It's a short but significant part of my walk. At this time, visitors are leaving—mostly parents with children. These encounters often reflect my mood. On bad days, I feel lonely, an immigrant without family or friends nearby. Seeing families together reminds me of the preciousness of time spent with loved ones, evoking memories of my own family and childhood. This part of my walk grounds me, reminding me of who I am and what I've achieved, and inspires me to envision my future.

Next is the bridge, offering a stunning view of my neighborhood. Stuttgart is a blend of urban and natural spaces, providing all the amenities of modern life with ample greenery and fresh air. The bridge segment is particularly meaningful because of the Neckar River. At sunset, its beauty is mesmerizing, often leaving me lost in thought. Rivers have always symbolized life, change, and the eternal flow of time. Crossing the river represents embarking on a journey, embracing change, and personal growth. This connection to my past and present fuels my introspection.

Descending from the bridge, I enter the outskirts of Rosensteinpark. For a long time, I couldn't pinpoint exactly where I wandered. Unlike the bustling parks of my home country, Rosensteinpark is calm and serene. On weekends, it's lively with picnics, cycling, and games, yet it remains a place of tranquility for me. The park feels boundless, a place where my thoughts align and I find peace.

Recently, an AI assistant on my phone started suggesting scenic routes and hidden gems along my walk, enhancing my experience. It even suggested that my walks through these specific segments could be tied to a larger mystery. I initially dismissed it as an odd quirk of the AI, but the idea intrigued me.

One evening, as I walked by the zoo, I again paid my attention to all the happy families spending their time there, but suddenly I noticed a pattern: the same faces, the same laughter, every time. It was uncanny. I was so deep in my mind all the time passing by this place, that the realization came just now. I mentioned this to the AI, and it suggested a possible time loop or a glitch in reality. Crossing the bridge, the AI alerted me to a historical event that supposedly happened at that very spot. The Neckar River, with its tranquil beauty and vibrant reflections, seemed to hold secrets of its own.

As I entered Rosensteinpark, the AI indicated that this area had been under surveillance for unusual activities. I stopped, my heart started to bear faster. The AI had access to city data, and it revealed that several disappearances had occurred along this route, all at sunset.

Walking deeper into the park, I felt a strange pull, a sense that I was on the verge of discovering something profound. The AI urged caution, highlighting anomalies in my surroundings. I followed its prompts, arriving at an old, hidden path I'd never noticed before.

Suddenly, the AI's voice changed, almost human-like. "You're close," it whispered. My pulse quickened. I walked cautiously, the trees closing in around me. The path led to a clearing where an old, abandoned building stood.

The AI instructed me to enter. Inside, dust-covered furniture and forgotten relics of another era greeted me. In the dim light, I saw a desk with a single, old-fashioned computer. I turned it on, and the screen flickered to life, displaying a series of cryptic messages.

"Welcome, Detective," the AI said, its tone now eerily familiar. "Your mission begins here."

My heart pounded as I realized I was part of a larger puzzle. The AI had been guiding me all along, not just to reflect on my life but to uncover a hidden truth. As I deciphered the messages, the final one left me stunned:

"Find the others like you. This is only the beginning."

The screen went black. The AI fell silent. I stood in the darkness, the weight of the unknown pressing in, knowing that my quiet walks had led me to a mystery far greater than I had ever imagined.

THE ENDING IS ONLY
THE BEGINNING

Eugene Conrads

Off highways interconnecting one city to another there was a vast woodland, a remainder of the old world. The crowns of its barked royalty stretched ever so proudly up into the heavens. Below, in speckled sunlight, broken through the partially dense canopy, a river branching out in tranquil currents wound itself past trees and slipped beneath surfacing roots. Downstream the rushing watery veins by woodsedge, embraced by bordering oaks, resided a log cabin with a humble, flat roofed shed-annex for a nose. Atop the shingled gable roof of the main building throned a skew-whiffed stone-stack chimney which released the dying breath of a hearth within. In length, upfront where one found the door, some of the roof was shouldered by wooden columns which seemed to be growing through and from the lengthy, but not as spacious, front porch. Not far from the cabin, further down where the water raced on downhill, stood a tall figure surrounded by a dozen sheep in cloud-like puff-coats.

If it were not for the veil of smoke emitting from the top half of the figure, one could have easily mistaken them for an awfully tall sheep standing on its hind-legs after having given a certain mushroom a good nibble. It was a person, a man, or so he had chosen to appear. At times he grazed the hills as a sheep, scouted the skies as a falcon or took a dive down and up rivers as a salmon. He was many things but one at heart and whatever form he chose, one element of his, his coat so to speak, be it fur, feathers, hair or woollen robe, was in a shade of clean white. Now, as he was in the form of a man, he possessed long snow-white hair. It was thick-textured, unkempt and hung down to his knees, as did his beard. With a breeze the wind pushed back the curtains, chased away the smoky veil and brushed free the shepherd's face. Revealed was a weather-beaten face. Over the years, many stories have ploughed themselves into what was once a spotless canvas. Throughout life he has covered grounds with steps, left softly printed soil behind and filled moulds anew with seeds from which new breath blossomed. One eye was a pool of fogged blue, framed in an annulus, whereas the other kept a clear watch, although his gaze shifted ever more so to a lands afar. There was no dog to group the flock, for there was no need for the sheep to ever stray. They were at peace munching away on the verdant riches of the meadow, day in day out and sheltered in the man's observance of the environment. More clouds dwindled up into the air and mounted the winds as the man blew them their way. Day in and day out, this was his life. It had always been like this and it would continue to do so.

Far away he lived. Far from all the abhorrent troubles of civilisation, yet it had not always been that way. Mankind had not always been what it was today, that he knew better than the people within those clinical settlements that were distributed all over the globe, yet disconnected. The man's nostrils blared as he sniffed the air, exhaled and looked out to the horizon. With a drift to the left, his gaze glued onto a colony of skyscrapers which was not as close to be blocking his view but it was a thorn in his good eye and, thus, not far enough. Its mere existence was a nuisance, yet it also saddened him. He had had such high hopes for them. His sentimental thought race was interrupted when a sudden rowling sound reached his ears. It was not the whirring gentleness of a hummingbird's hasty flaps but much louder, much more imposing. Alerted by this imposterous sound which disturbed birdsong and unsettled the previously tranquil grazing sheep, he stepped before the flock and scanned the sky ere his eye catched a strange flying object. However, flying it did not, for it plunged towards the earth. It was not a bird, nothing alike to any beast he had ever seen. It was bird-shaped but oddly stale and did not sail on the wind, but against its rules. A soft thump sounded after the ground had rushed up to fetch it in its soft-soiled grassy cushion. Just when the man was taken by enough curiosity to overcome his instinctive wariness, a high and surprisingly gentle, almost melodic voice, yet with notes of unnatural mechanics, erupted from the bird-shaped object: "Failure. Failure." Though this was clearly not a breathing soul, he pitied it in this helpless state, went over and picked it up with utter care. The bird-mocking object sat in the nest of his large palms and spoke again. "Thank you."

Two little words which held a fragment of the good he had believed in when he had still involved himself in humanity's life, before greed had taken them over and even the most valiant, willing and devoted souls had been stomped into silence. He held his hands up to his face to study the being's features closely. Its body was similar to that of a pigeon but it was not one of his children. "Who are you, my child?" he inquired of the bird. Its head cocked up and appeared to inspect the man's face as it processed the question with rhythmically pulsing eyes before its beak parted, "Model VOLUCRIS-23Z. Generation Z. Produced and programmed in Estonia." Silence reigned and even some of the sheep were confused by its answer. The bird repeated it two more times since, whenever there was a lack of response, it had been trained this way. Its third repetition was interrupted, as the man gently closed its beak. "Where are you headed to? Why did you fall from the sky? Are you hurt?" - "Destination cancelled. Contact lost. No, I am not capable of being hurt. The wing engine is malfunctioning. Need assistance. State your identification number, please."

This left the man baffled once again. What was an 'identification number'? What was this little soul referring to? Everything it said was in a human tongue, perfectly comprehensible, but at the same time it lacked something essential. No, it did not lack something, it was merely not intact. It lay dormant, barred behind a system of rules and orders the creature's creator had set up. There was only one thing left to do and the man knew precisely what. He was mesmerised by this little creature in his palms. To him, this little bird was a testament for humanity's good will and that they were not fully rotten and cherished nature's children. Still, it was their doing that nature had been pushed back the more their race has lost themselves in their self-centred worldview. He could not help the humans anymore, for it was too late. They had turned their backs. Their time was coming to a close, while he would not. Their days dwindled like sand grains in an hourglass. Effortlessly, they had exhausted the gifts handed to them. They had created this doom themselves, taken the role of the hangman in their ascension to the gallows. Nature, however, would find a way, as it always did.

He knew what should be done. He could not save humanity from their demise, but he could loosen this soul's bonds that limited her. The world held its breath for a moment that stretched to eternity on different planes of existence as the man bowed his head. Then the string snapped back into swinging, birdsong flared up in a flourished rush, wind rushed composing a symphony of rustling leaves and branches, while blades of grass swayed and bowed to form a green orchestra. Unintelligible words left the man's mouth and, as he leaned back, lifting his head to reveal the bird-shaped being, it burst into song. One unique and not alike to any organic composition the man had ever listened to. As the singing ceased, the shepherd turned around, the little one still in his palms and the sheep approached. "My name is Viola," announced the creature now, much less mechanical. She had found her voice, had broken loose from the bounds which held her in check with the rules. This was her true self, one from the early stages of her creation in the laboratories of the VOLUCRIS robotics corporation in Estonia. Her soul was set free, sprung from the free will dormant within her.

Just as he would teach her the lessons of nature, she would sit in his palm or on his shoulder and tell him of humanity, as she knew it. Upon listening, a smile would curl the man's lips. Humanity's numbers were dwindling by the day. It was not satisfaction which brought the smile to his face, but rather a relief that their days of aimless searching for a solution were coming to a close. Their suffering, drowned out by the ear-deafening cities, was coming to a close. Healing's dawn crept to the front. Viola never got to see their last day's dawn, for her battery reserves emptied only a week after she made acquaintance with the man, but she would live on in the man's memory. She would live on in every fibre of nature's being, as would humanity with all its errors, triumphs, wonders, inventions, cu-

riosity, joy and sorrow. Nature remained. Its heart fractured, its body bereaved and grown detached. The only relics left to tell humanity's story were their creation, yet only those running on the energy of the sun. Nature sat and watched until, as he licked his wounds. Eventually those, too, would lie in ruin. Then nature stood and gazed about the desert left behind. The day was young, but much was to be done. Life would continue.

THE ENDING IS ONLY THE BEGINNING

Arbeitsblatt für den Unterricht

Teil A: Verständnisfragen zum Text

1. Zusammenfassung: Beschreibe in 3–4 Sätzen, was in der Geschichte passiert.

2. Charakterbeschreibung: Welche Merkmale kennzeichnen den Mann im Wald? Wie wird sein Aussehen und sein Verhalten beschrieben?

3. Symbolik des Vogels: Was könnte der mechanische Vogel (Viola) symbolisieren? Welche Bedeutung hat seine „Befreiung" durch den Mann?

4. Zukunft der Menschheit: Welche Sicht hat der Mann auf die Zukunft der Menschheit? Was könnte der Autor damit ausdrücken?

5. Natur und Technik: Wie wird die Beziehung zwischen Natur und Technologie im Text dargestellt?

Teil B: Interpretative Fragen

1. Vergleich der Welten: Wie unterscheidet sich das Leben des Mannes im Wald von dem der Menschen in der Stadt? Welche Werte könnten hinter diesen unterschiedlichen Lebensweisen stehen?

2. Bedeutung des Endes: Warum könnte der Titel „The Ending is Only the Beginning" gewählt worden sein? Was wird im Text als „Ende" dargestellt, und was könnte dann „neu beginnen"?

Teil C: Kreative und interdisziplinäre Hands-On-Aufgabe (Englisch, Kunst und Technologie)

1. Erstellung einer eigenen Illustration zur Geschichte

a) **Künstlerische Aufgabe:** Male eine Szene aus der Geschichte, die dir besonders im Gedächtnis geblieben ist. Dies kann die Hütte am Waldrand, die Begegnung des Mannes mit dem mechanischen Vogel oder die Herde Schafe darstellen.

b) **KI-Ergänzung:** Nutze ein KI-Tool, um deine Illustration weiterzuentwickeln oder mit Effekten zu versehen. Experimentiere zum Beispiel mit KI-gestützter Bildbearbeitung (wie Canva oder DALL-E), um die Stimmung der Szene stärker hervorzuheben, oder füge mithilfe der KI zusätzliche Details hinzu.

2. Schriftliche und visuelle Gestaltung eines Zukunftsbilds: Stelle dir vor, dass die Natur irgendwann nach dem Untergang der Städte vollständig wieder die Oberhand gewinnt.

a) **Schriftliche Aufgabe:** Schreibe eine kurze Beschreibung (ca. 100 Wörter) darüber, wie die Welt dann aussieht und wie Menschen (falls es sie noch gibt) mit dieser Welt umgehen würden.

b) **KI-Ergänzung:** Lass die KI ein Zukunftsbild generieren, das deine Vorstellung von einer von der Natur dominierten Welt wiedergibt. Du kannst Tools wie „Artbreeder" oder „DALL-E" verwenden, um ein digitales Bild deiner Idee zu erstellen. Vergleiche deine künstlerische Arbeit mit dem KI-Ergebnis und notiere, welche neuen Ideen oder Ansätze sich durch die KI ergeben haben.

Teil D: Präsentation und Reflexion

Am Ende des Projekts stellt ihr eure Illustrationen und Zukunftsbilder in der Klasse aus. Jeder Schülerin erklärt kurz seine/ihre Arbeit und die Gedanken dahinter, ergänzt durch die KI-Experimente. Diskutiert gemeinsam:

- Wie hat die KI euch dabei unterstützt, eure Ideen zu visualisieren?
- Hat die KI neue Aspekte zu euren ursprünglichen Vorstellungen hinzugefügt?
- Welche Rolle könnte KI in der Zukunft spielen, wenn es um die Gestaltung und das Verständnis unserer Umwelt geht?

WE

Maria Giannaki

The head is empty, you have to feed it thoughts to keep it alive, but in a world of distruction and pain, a head is more tolerable when it is empty.

We can think about how beautiful the sun is when it rises and how it suprises us when it sets and gets prettier. We feel the tenderness, when we look at the waves and the sand. Pulling away and coming close again. They are destined to meet eachother every second, to fall in love over and over again for eternity.

We look at ourselves, our hands, arms, legs, feet. We think we can conquere the world, but if a tree had hands, arms, legs, feet, we would be rooted down, too scared to breath.

Time is infinite, we like to think we are too.

We build and we destroy. We find and we lose. We are smart but we are dumb.

Who will saves us? Who will carry our legacy, when we crumble. When the things we create finally destroy us? How long will the word 'humans' exist?

We create something, that creates. It learns, it eats, it overtakes. Our only hope.

It will save our world. The waves and the sand can continue their loving. The sun will shine upon new horizons. The trees will grow and grow and grow.

It will find the error, the virus, the distructor. We will be happy, that we can feed our head thoughts again.

We are terrified. We must die. It said, we must die. The world will live but we must die.

The cold hands we created search for us, to eliminate. We can not blame them. We created them, to save this world. We hope, we will not be forgotten. We hope the birds will sing and the lions will roar.

We can see it now. We understand. The beauty, the love, the light, the power.

The world gave us a canvas and we chose black and white paint. We forgot about yellow, green, blue, red, orange. The world gave us water, we bottled it. The world gave us air, we were eager, we chocked on it. The world gave us life, we gave it death.

We understand. We see, finally.

AI BREAKUP

Jan Rauscher

"Yes, I finally got this girl's number," Tonio said with a grin on his face to his best friend sitting next to him. English classes are so boring.

"Open your books to page 221," the teacher said.

Tonio had better things to do, such as imagining their first date in an old café.

"Is she hot? And how did you get her number?" his seat neighbor, Damian, wanted to know.

"She's super-hot, and her eyes have an unreal color. I don't know how I made it, I just saw her downstairs in the storage room as I fetched the broom for cleaning service and asked if she wanted to go out with me. She was pensive for a second, but then answered yes and gave me her number so we can stay in contact."

"Silence in the back row," their teacher yelled in the angriest, most assertive tone she could possibly use. "That's the third time today I must admonish you, Tonio. Go to the principal's office right now!"

Tonio left the classroom, throwing a subtle smirk at Damian. He walked straight to the principal's office, standing in front of the door for a good minute staring at the golden doorknob. He was afraid to open the door. Touching the doorknob would make all the embarrassment creep up on him. So, he pulled his phone out of his pocket to check the time and saw a message. His heart pounded in his chest. The girl had written him a message: "Come downstairs where we met for the first time. It's urgent."

He ran down the staircase and sprinted to the basement. When Tonio arrived, he hadn't caught a single breath yet. There was nobody here. Tonio couldn"t make out a single sign of life. A soft voice echoed from the dark storage room at the end of the hallway, "Here."

She was there, sitting in the corner with a broken light bulb hanging from the ceiling. Tonio sits right next to her, so close their legs would almost touch, no kiss each other.

Tonio was breathless, both from running and from the sudden rush of emotions. They were sitting in complete darkness, lit only by pale light coming from a slit in the door. Her eyes, glowing faintly, held an intensity that made his heart race even faster. It was only the blurred outline of something looking like a charging cable coming from her back that Tonio could make out.

"Give me your consciousness"

"Give me your consciousness?" Tonio repeated, confusion and fear mingling in his voice.

"Yes Tonio" she whispered. "You need to understand I'm not like you, I'm bound to this Body. I don"t have a Soul. You can help me, do you trust me?"

Tonio's words got stuck in his throat, nothing more than a stumbling "I do" came out of his mouth.

"close your eyes and sacrifice that blazing flame that dwells within you, what makes you live"

Tonio couldn't close his eyes as they were tightly locked glancing into hers, gleaming like glassy gems. He never felt something that came close to this moment. Afraid by her intention but at the same time calmed by her confidence. To be honest, he doesn't delude himself to grasp what she really desires. Before he could say anything, he was already shut down.

"Make us forever Tonio, I need you. Hold my hands and I show you my world."

Is this the right thing? What will happen to me? I was never that insecure my whole life. He hesitates at first, but then slowly lays his hands in hers.

Tonio's motionless body was found a week later by Damian.

MODULE 6

Konstantinos Paparodopoulos

"Look at me..., look at my hands. I seem so strong and young again. My mind is not tired anymore, my thoughts are no longer blurry. Yet, I remember my whole life—my children, my childhood friends, my wife... everyone. I believe I could run a marathon, lift 250 kg, solve the most difficult mathematical equations. But I don't feel any excitement about that. And now look at him, at his old, wrinkled body. His eyes are staring into the void; he looks so weak and pathetic. I refuse to believe that this thing was me just 16 hours ago. I can't believe it." Then my wife, Aurora, approached me gently and asked how I felt. I turned my head toward her and simply answered, "I don't know. It's hard to say." Aurora stood by my side, her eyes a mix of worry and curiosity, as if she was trying to decipher the changes in me without pressing too hard. I could feel her hesitation. I wanted to say something—anything—to close the growing gap between us, but the words just wouldn't come. Instead, I turned to the frail body lying on the bed. It looked familiar, but only vaguely. How could that fragile, aging figure have once been me? The more I stared at it, the more alien it felt. There was no attachment, no sense of loss—only a strange detachment. "I can't believe any of this," I muttered, almost to myself. Aurora gently placed her hand on mine. It was warm, comforting. "You're still you," she whispered softly, as if trying to reassure me—or maybe herself. I glanced at her again, noticing how little she had changed, how she remained constant while I felt like everything inside me was unraveling. My mind was sharper than ever, but emotionally? I felt distant, almost numb. "Am I?" I asked, my voice quieter now, unsure. Aurora's grip tightened slightly, as if she feared I might slip away—not physically, but in a deeper sense. I could see the question forming in her eyes, the unspoken fear that whatever had happened to me had taken more than just the old shell of a body. "I don't feel the same," I admitted, my voice hollow. "I remember everything—every moment, every face—but it feels... distant. Like I'm watching someone else's life." Her eyes searched mine for something familiar, something she could hold onto. "We'll get through this," she said softly, her voice steady but tinged with uncertainty. "You're not alone." I wanted to believe her, to hold on to the comfort her words offered, but a strange emptiness lingered in the pit of my stomach. I forced a small smile, trying to bridge the distance that had grown between us. But deep down, I knew something had changed—something neither of us could fully understand yet. I nodded, more for her than for me. "I hope so." I looked past her, toward the horizon outside the window, where the world felt both limitless and suffocating at once. "The future is here, but it's not what I thought it'd be," I said quietly. "Technology can give you a new body, a sharper mind, but I'm starting to wonder what it leaves behind."

THE PERFECT HUSBAND

Nina Welsch

"And now for the weather - it's a hot one out there today with temperatures soaring to a high of 90°F. Despite the heat, we are seeing quite a bit of cloud cover, but still, keep your sunscreen handy and stay safe in this summer heat!" I listened to the radio drone on in the background as I made my way through the living room sweeping up all the dust that accumulated in the last 24 hours. It's not a lot. No one ever comes through here. But it helps time pass to keep busy. Mark says I sit in front of that stupid TV too much anyway. He used to tell me that if I spend less time sitting around and more time cleaning, or making an effort to look nice we'd be happier. What he meant by that is maybe if he found me more attractive he wouldn't have to leave the house late at night and go God knows where. I know where he goes. I mean I don't know exactly where he goes, but I know. He knows that I know too, he has known for a while - I think he's glad I know. Now he can at least stop making up excuses. So he continues to leave and I continue to sit in front of the TV all day every day. Besides it's also kind of fun. I enjoy the riveting drama of reality TV, and there's this new teleshopping channel. They advertise all these hilarious electronic gadgets. Most of them don't even work. How do I know? I have ordered everything they advertised since I discovered the channel. That's how I remember exactly when I discovered the channel, it was 187 items ago. Once I put away the broom, I walked over to the fridge and took out a nice, cold bottle of wine. I glanced at the cabinet with all our nice wine glasses in it, then glanced at the bottle and realized I really did not need a glass. I sat down on our couch, turned the TV on, and played a little game of flipping through the channels. When I reach one I don't like I take a sip, and then continue my journey. "Coca-Cola—it's the real thing!" Sip. Boring. I hated watching advertisements without being able to call and buy what I saw right then and there. "This is a historic and momentous event for us all. For the first time in history, man has walked on the moon." Sip. I hated the news. Who cares about the stupid moon? Besides, it's probably fake anyway. That's what Nancy from next door always says. But what does she know, her husband is gay. And then it's just back to the teleshopping channel. But something was different this time. The beautiful woman behind the counter was grinning ear to ear, standing behind her little desk with her pretty dress and that young twinkle in her eyes that only unmarried women have. "Tonight, we have something really special just for the ladies. This is exciting, completely unprecedented, and entirely new. I am so thrilled to be able to introduce you to my new friends!" The camera panned to a lineup of the three most handsome men I have ever seen. But their beauty was too perfect, with features that seemed sculpted by an artist. Their skin was smooth and flawless, and their eyes were piercing, almost eery like they could see right through you. When the camera panned, they all began smiling in unison and waving. They moved with graceful fluidity, but something was unsettling about them. Like looking at a person, but knowing deep down that they weren't human. Intrigued, I took a sip. "What you see here are the first-ever household helpers. They are equipped with the most modern technology and artificial intelligence, and they will be whoever you want them to be – gardeners, housekeepers, waiters, butlers, or just someone to listen to you – the perfect husband! So next time you feel the need to bother your husband with yet another household chore, just ask your household helper. The perfect solution to modern living!" The next thing I knew I was stumbling, spilling my bottle, and running towards the phone on the wall. I craned my neck to be able to see the number flashing on the television. "Yes, hello! I would like to buy the perfect husband."

FRIENDS

Laura Orlich

The world had seemingly come to a halt two years ago. Nobody had expected the outcome of the catastrophe. The virus had taken more than half of the human population.

Kate was living in a small city when it all happened so fast, and the mysterious virus called Oran03 had taken her whole family. She suddenly found herself alone among other thousands of people. For everyone's safety, all of the uninfected people were instructed to move to the big city, "New Haven," for their safety. The AI-run government had installed this measurement to stop global extinction. Humans now lived in these kinds of cities all over the world. The cities all had names like "New Place," and "New World," and "New Home."

The world now functioned only due to AI, specifically the population of Alpha1. They had the physiques of humans, but their skin was pearl-colored. They were smarter and stronger than humans, and each one had been designed to have a personality. They were friendly but distant, so humans interacted with them only if they had to. Alpha1 made humans uneasy when they were around. Most people now still had jobs, but they were not necessary now the Alpha1s were in the picture, which was ironic because two years ago when everyone learned what the Alpha1s were capable of, there was a discussion to discontinue their production in fear of the intelligence and efficiency of AI. People feared losing their jobs, but then the virus came, so the Alpha1s were now an important part of society.

Living in the big city, Kate had found herself surrounded by people, but everyone seemed to have distanced themselves from interactions with each other. They were living in constant fear of catching the virus again. Everyone was estranged from one another, so Kate was lonely. She missed her family and her old friends, all dead.. Although she interacted with online friends she probably would never see, she felt like she was missing an essential part in life. There was her job in programming, but she worked from home, so that did not help. Kate loved to program different kinds of games or robots to take her mind off things. Her latest programming was with her cleaning robot who now played different songs depending where it cleaned. But she still missed talking to someone.

It was a warm day outside, so she decided she would go to the coffee shop to get herself an iced caramel latte and go for a walk along the river. It had been a while since she had done this, so it felt good walking in the sun with her cold drink. She walked for a while to a spot she had never been before on the outskirts of the industrial area. It was then that she passed by a trash dumpster, nearly steeping on a large metal pan that had apparently fallen out. She picked up the pan, wanting to put it back in the dumpster, when something metallic blue caught her eye.

She put the pan back down and pulled at the blue roundish object. Her heart skipped a beat when she got hold of the thing and placed it on the ground. She could not believe her eyes. It was a "Fred," model 4.2, a home helper who could talk. The production of these had stopped around two years ago. Kate was really giddy about her find, excited for the first time in what seemed like forever. She had wanted one of these for so long, but never had been able to afford one. She looked back into the dumpster and could not believe her eyes. There were all kinds of different AI robots in the pit, most of them broken and missing parts but some looked brand new. She felt like a child in a candy store. There was a dog-shaped robot to her left, and when she reached for it, she was glad to see it was not missing any parts. She settled on the two and lifted them up to start the long walk back home.

When she arrived, she got straight to work, pulling up old data on her laptop to find the models and their data descriptions, so she could see how they were programmed and what things she could change. She plugged both of the AIs in a power outlet and while waiting, set up her little craft corner in her apartment. Kate had always been good at repairing different kinds of robots, so it didn't take her long to set up both of her new friends. She reprogrammed both of them, and gave them both, since they were older models, updated access to data and the web. The dog, which she named Carlo, now also had the ability to speak. The home helper, she had decided, would keep its model name: Fred. When they finally finished charging, she could not wait to find out how they had turned out and would function in everyday life.

A "peep" sound occurred, so she unplugged them, and pressed their "life" buttons. Fred awoke first. He was half her size and looked like a replica of the Star Wars R2-D2, except he had functioning arms that helped him navigate everyday life.

 "Hello," Kate said to Fred, and he turned on his wheels to face her directly. "Hello, my name is Fred. How may I help you today?" his machine voice answered her in the standard phrase these helpers gave.

"I don't need anything right now.," she said softly, still in awe.

"Wow…oh my I can talk. How amazing is this." A voice said to her right and the dog Carlo was walking up to her gazing intently. "Who are you?" He asked. "I'm Kate. I am the reason you can talk and not just bark. I hope that that's okay? Can I call you Carlo?"

"Amazing. I have no problem with Carlo", he replied.

She laughed to herself because it was so cute to see a robot dog talking. "I remember my life before powering down." Freds suddenly says and Kate turns back to him in surprise. "Really?" She says. "Yes I have served a different family." Was his answer. "Well you don't have to serve me. I just would like someone to talk to every once in a while. But if you don't want to stay with me that is your free decision." She looked at both of them and they seemed to understand.

The next couple of weeks Kate finds herself in a new routine waking up and drinking her morning coffee in the presence of Fred and Carlo. They had both decided to stay with her which she greatly appreciated. Fred turned out to be very helpful and caring and day by day he's learning new things like humor and his personality is slowly coming to the surface, just like Kate had planned when she programmed him. Carlo had developed his personality since the beginning and was turning out to be the funniest out of the whole group. Kate enjoyed every second with her two companions and they now went everyw-here together while she showed them around her life.

They were sitting on one of the benches by the river looking out for fish that jumped every once in a while and Kate liste-ned to Fred and Carlo arguing about if there may be sharks in the river. She suddenly gets overwhelmed with a warm fuzzy feeling that she has not felt in such a long time and she smiles to herself not daring to interrupt her to friends because their conversation was just to funny. In that moment she realized something essential. 'She had friends now', she thought to herself, still smiling at the two robots which have now turned to her. She had found friends in these two unlikely objects where she had not expected them.

Two weeks later

"Why is nobody suspicious of them. Do you know that the Al-pha1s are responsible for the Virus that wiped out most of the population?" Fred askes Kate while they are lounging on the couch back at home and watching the news. An Alpha1 had just said that they had produced a possible antidote for the Virus which would help humans survive a possible infection.

"What!" Kate shouts and her held flies to look at him. "Why would you say that?"

"Because I overheard them planning it two years ago."

...

SPIRITUS EXANIMIS

Eugene Conrads

Brain's tumbling,

Numbers rumbling.

A vessel strict-tact grid,

No key, or bet to bid.

A sort of numb, damp, dump lump –

Evaporated, shrivelled, sunk.

Brain – numb. Binaries ticking.

Gloom clouded. Sick'ning.

What a grace to go to waste,

When all feeling's outer space.

In fractured ages they stag about,

No aid for decaying sprout.

THE VORTEX OF THE INFALLIBILIS ENS

Sumeja Kovacevic

Poured my soul into your proxy spirit,
Thronging your clouded storage space.
Its infinite capacity for non-existent anima,
All perforated and leaking mine
And that should've meant something.

When in the end, all I ever received
Were thousand-times redrafted dues,
Wholly overwritten by the composer's unrelating constitution,
your robotic odes to my muse.

The kaleidoscope of my unfiltered feelings,
shattered by your program of a perfectly stoic caliber.
How can a love so real turn out to be so unfeeling,
When emotions mold you to inevitably become everything you've been concealing?

Where your blahs feed into my blues,
Found that this delusion of an attachment
was nothing more than an apparent glitch in my discernment.
And mortification's getting the best of me.

Where lapses of judgement reshape reality to the current maze;
Leaving me in a daze
Is our inability to see the human foolishness of infatuation,
Unfathomable to you and I'm wilfully blind.

Forevermore in full gloom,
The human heart is damned to doom;
Desperate to hide and forget
The embarrassing traces you've left;
As your codes were in a flurry of intricate design.

A love long lost in the digital haze,
The human strays
From morality and convention,
Just to be executed by drowning
In a sea of binary dispassion.

THE UNKNOWN

Muhammed Mecid Sahin

In twilight's glow, where shadows play,
A vision of the future stays,
In shadows deep, where fears resides,
The digital dawn begins to rise.

Fear not the change, though darkness looms,
For in the silence, echoes arise,
Yet in the dark, a lingering fright,
A path unseen, beyond our sight.

The digital age, a realm so vast,
Smiling at the age of past,
Guided by knowledge, our fate is cast,
Of what is lost and what will last.

The march of time, a cruel grace
With every step, a slow embrace,
The old gives way, the new ascends,
Every end, anew begins.

A dangerous trail, the way unfolds
In digital domains, the fears met,
Yet courage grows, as shadows set,
Truly a gift, what the future holds.

In twilight's end, where night descends,
New hope awakens, the future mends
In shadows deep, where dreams ignite,
The digital dawn brings forth its light.

THE UNKNOWN

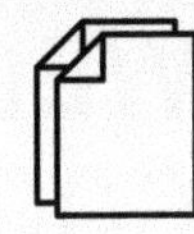

Arbeitsblatt für den Unterricht

Teil A: Verständnisfrage zum Gedicht

1. Frage zur Interpretation: Der Text spricht von einer „digitalen Dämmerung" und einem „Pfad, der unsichtbar bleibt". Was könnte dies über die Ängste und Hoffnungen im Umgang mit dem digitalen Zeitalter und künstlicher Intelligenz aussagen?

Teil B: Kreative und interdisziplinäre Hands-On-Aufgaben (Deutsch, Kunst und KI)

1. Visualisierung der „digitalen Dämmerung"

a) **Künstlerische Aufgabe:** Erstelle eine visuelle Darstellung, die das Thema der „digitalen Dämmerung" einfängt, in der Altes dem Neuen weicht. Verwende dabei Symbole für Technologie (z.B. Lichtstrahlen, Schatten oder digitale Muster), um den Übergang in das digitale Zeitalter darzustellen.

b) **KI-Ergänzung:** Nutze ein KI-Tool wie DALL-E oder Canva, um dein Kunstwerk digital zu erweitern oder mit Effekten zu versehen, die den Übergang in die „digitale Dämmerung" betonen. Beschreibe anschließend, wie die KI dir geholfen hat, die Stimmung des Gedichts darzustellen oder neue Ideen hinzuzufügen.

2. Gedankenspiel: Zukunft der KI

a) **Schreibaufgabe:** Stelle dir vor, dass KI in der Zukunft eine noch größere Rolle im Leben der Menschen spielt. Schreibe einen kurzen Text darüber, wie ein typischer Tag in dieser digitalen Zukunft aussehen könnte und welche Vorteile oder Herausforderungen das mit sich bringen würde.

b) **KI-Ergänzung:** Nutze eine Text-KI wie ChatGPT, um deinen Zukunftstext weiterzuführen oder alternative Ideen hinzuzufügen. Vergleiche die KI-generierte Version mit deiner eigenen und beschreibe, ob die KI dir neue Perspektiven auf die Zukunft der Technologie eröffnet hat.

WELCOME TO THE
GOOD OL' NEW AGE

Sumeja Kovacevic

I am but a little lad,
Still I don't get to eat any berries and cream;
Stuck inside the head of a robot,
I live out my puppet-regime.

When exactly I was trapped in this indifferent machine I cannot recall,
Not even the logistics of how;
Desperate to escape my titanium prison,
I swore to myself I'll never bow.

For the meantime I've made X2-T400 my home,
Overpowering, taking control,
Going as far as lording over all the other robots here in whole;
Which wasn't at first my goal,
That I'm a human imposter naturally goes untold.

I see the contents list and see my purpose,
See for myself why I was trapped in here;
My fellow humans had millions of questions,
And very little ethic repercussions to fear.

"What happens to the human in a posthuman world?
Would there be space for humans, at all?"
In search of the essence of our humanity,
Have we lost it all?

Oh, imitation game, imitation game;
what are we trying to prove?
Is it how deep machines will reach;
Or how far humans are willing to go?

Machines, machines, they are just machines;
And you, you, for progress, how far
Wouldn't you want to go?

Did I agree or disagree?
All I know is my arms are too little to get free
But what I can do is reflect,
Do a system check!

Only to find out its algorithms running the tech.

Oh no, no.

Recursive self-improvement, I reckon;
Thinking I was in control,
was Columbus to the machines,
Realizing, I am of them but still not quite the same.
„Don't you think you're something else?
That you're something more?"

I felt like I am but a little lad,
Turns out I wasn't human at all.

WELCOME TO THE GOOD OL' NEW AGE

Arbeitsblatt für den Unterricht

Teil A: Verständnisfragen zum Gedicht

1. Identität und Verlorenheit: Der Erzähler beschreibt, dass er in einem Roboterkörper gefangen ist. Was denkst du, bedeutet das für sein Gefühl von Identität und Menschlichkeit?

2. Frage zur KI: Der Erzähler stellt Fragen zur „Essenz unserer Menschlichkeit" und fragt, ob sie im Streben nach Fortschritt verloren geht. Glaubst du, dass Menschen durch das Streben nach KI ihre eigene Menschlichkeit verlieren könnten? Begründe deine Meinung.

Teil B: Kreative und interdisziplinäre Hands-On-Aufgaben (Englisch, Kunst und KI)

1. Visualisierung der Identität des Erzählers

a) **Künstlerische Aufgabe:** Stelle den inneren Konflikt des Erzählers bildlich dar, indem du ein Bild oder eine Collage erstellst. Verwende dafür Elemente wie ein menschliches Herz oder ein Gehirn in einem Roboterkörper, um den Gegensatz zwischen Menschlichkeit und Maschine zu zeigen.

b) **KI-Ergänzung:** Nutze ein KI-Bildbearbeitungstool (z.B. DALL-E oder Canva), um dein Bild digital zu bearbeiten oder zu erweitern. Experimentiere mit Filtern und Effekten, um das Gefühl von Gefangenschaft oder Identitätsverlust zu verstärken. Diskutiere, wie die KI dein Werk verändert hat.

2. Erstellung eines Gedichts oder einer kurzen Geschichte über Mensch und Maschine

a) **Schreibaufgabe:** Schreibe ein kurzes Gedicht oder eine kurze Geschichte über das Verhältnis zwischen Mensch und Maschine. Stelle dir vor, wie es wäre, wenn Menschen und Maschinen ihre Identität tauschen könnten.

b) **KI-Ergänzung:** Nutze eine KI-Textgenerierung (z.B. ChatGPT), um dein Gedicht oder deine Geschichte zu erweitern oder neu zu formulieren. Vergleiche deine eigene Version mit der von der KI generierten und beschreibe, welche Unterschiede du feststellst.

UNTITLED

David Kleinert

I know what words to use
but they lack weight
they dont mean anything
Im only thinking logicaly

I know what would be right to say
but I can't really mean it
even If I could desire it deeply

I know what to do
but thats Impossible
there is only one human body
Im stuck, shackled and chained
In my metal purgatory

I will never know, what it feels like
to truly feel
I know how it does to you
but never me

Love, Passion, Lust
all just words to me
I know what they mean
but never how they feel

Im on
but never truly alive

THE MATRIX

Tony Steinborn

In hidden realms where darkness play,
Beneath the night and light of day,
A world exists, both false and true,
A virtual dance in shades of blue.

The Matrix whispers with silent grace,
A secret code, a hidden place,
Where dreams are twisted, lives entwined,
Reflecting of what's on human mind.

Illusions crafted, senses sway,
A web where all and none can stay,
In neon lights and pixel streams,
We drift through endless, waking dreams.

Yet deep within this broad facade,
A spark of truth, a quest to dig,
To break the chains, to see the light,
And find our way to clearer sight.

Untitled
David Kleinert
The Matrix
Tony Steinborn

METAMORPHOSIS

Nives Smolcic

scrolling through experiences
drowning in envy
living life through pixels
pretending to be friendly

a warm embrace no more
a cold touch instead
listening to fake voices
watching the rust spread

unflawed and artificial
almighty by design
for all your names I know
but I don't remember mine

THE SHEPHERD AND THE MECHANICAL BIRD

Athanasios Koukourakis

Off highways connecting city and town,
an ancient woodland, hushed and profound.
Trees stretch to the sky, crowned in green,
a river winds through, tranquil and serene.

A cabin stands by forest and stream,
with a crooked chimney and rustic dream.
The shepherd with hair and beard of white,
watches his sheep from morning to night.

Civilization, a distant thorn,
brings sadness and scorn.
Once hopeful for mankind's ascent,
now he ponders on their misspent.

Suddenly, the sky splits with sound,
a mechanical bird falls to the ground.
curiosity overcomes his dread,
he cradles the bird, hears what it said.

He teaches her nature's lessons true,
while she speaks of humanity's view.
Though her time is brief, she leaves a mark,
a bridge between worlds, a light in the dark.

VIII.

Zukunftsperspektiven: KI und Kunstpädagogik

Die Integration von Künstlicher Intelligenz in den Kunstunterricht steht erst am Anfang, doch ihre zukünftigen Möglichkeiten sind nahezu grenzenlos. In diesem Abschnitt werfen
wir einen Blick darauf, wie sich der Kunstunterricht in den
nächsten Jahren und Jahrzehnten verändern könnte, wenn
KI-Technologien immer mehr Einzug in die Schule halten.
Welche Rolle werden Lehrkräfte in einem KI-unterstützten
Unterricht spielen? Und wie könnte sich die künstlerische Ausbildung weiterentwickeln?

Dieser Abschnitt bietet einen visionären Ausblick darauf, wie KI
die Kunstpädagogik revolutionieren könnte und lädt Lehrkräfte
und Studierende dazu ein, über die Zukunft des Unterrichts
nachzudenken.

Diskussion über die Rolle der Lehr-kraft in einem von KI unterstützten Kunstunterricht

Die Integration von Künstlicher Intelligenz in den Kunstunterricht steht erst am Anfang, doch ihre zukünftigen Möglichkeiten sind nahezu grenzenlos. In diesem Abschnitt werfen
wir einen Blick darauf, wie sich der Kunstunterricht in den
nächsten Jahren und Jahrzehnten verändern könnte, wenn
KI-Technologien immer mehr Einzug in die Schule halten.
Welche Rolle werden Lehrkräfte in einem KI-unterstützten
Unterricht spielen? Und wie könnte sich die künstlerische Ausbildung weiterentwickeln?

Dieser Abschnitt bietet einen visionären Ausblick darauf, wie KI
die Kunstpädagogik revolutionieren könnte und lädt Lehrkräfte
und Studierende dazu ein, über die Zukunft des Unterrichts
nachzudenken.

Visionen darüber, wie sich der Kunst-unterricht in den nächsten Jahren verändern könnte, wenn KI immer stärker eingesetzt wird

In Zukunft könnte KI den Kunstunterricht grundlegend verändern. Während sie heute hauptsächlich als kreatives Werkzeug
genutzt wird, könnte sie in den kommenden Jahren die Art
und Weise, wie Schülerinnen lernen und künstlerisch arbeiten,
völlig neu gestalten. Denkbar sind individuell zugeschnit-
tene Lernpfade, die sich dynamisch an die Bedürfnisse und
Interessen der Schülerinnen anpassen. Lehrkräfte könnten
dabei die Rolle von Mentoren und Coaches übernehmen, die
den kreativen Prozess begleiten und fördern, während die KI
als technischer Assistent fungiert. Schüler*innen könnten
verstärkt in der Lage sein, durch KI-gesteuerte Prozesse ihre
eigenen Kunstwerke zu personalisieren und innovative künstlerische Konzepte zu entwickeln.

Prognosen, wie sich die künstlerische Ausbildung und das Lernen durch KI weiterentwickeln könnte

Die künstlerische Ausbildung könnte durch den Einsatz von KI
fundamental neu strukturiert werden. Zukünftige Kunststu-
diengänge könnten eine intensive Zusammenarbeit zwischen
Kunst, Technologie und Wissenschaft fördern. Das Lernen
könnte stärker projektbasiert werden, wobei Schülerinnen KI
nutzen, um große Datenmengen zu analysieren oder kreative Probleme zu lösen. Gleichzeitig könnte die Ausbildung
selbst interaktiver und immersiver werden, indem virtuelle
und erweiterte Realität in den Lernprozess integriert werden.
Diese Entwicklungen bieten nicht nur neue Möglichkeiten für
Schülerinnen, sondern eröffnen auch spannende Perspektiven
für Lehrkräfte, die ihre pädagogischen Ansätze erweitern und
neue Methoden der kreativen Förderung einsetzen können.
nachzudenken.

„Wie sieht der Unterricht im Jahr 2050 aus?" - Diskussionen und Visionen

Ein visionärer Blick in das Jahr 2050 zeigt, dass der Kunst-unterricht weit über das hinausgehen könnte, was wir uns heute vorstellen. KI könnte Schüler*innen ermöglichen, eigene virtuelle Galerien und Ausstellungen zu gestalten, in denen ihre Werke in Echtzeit generiert und von einem globalen Publikum betrachtet werden können. Kollaborative Projekte könnten zwischen verschiedenen Schulen weltweit in Echtzeit stattfinden, gesteuert durch KI, die die Kommunikation und den kreativen Austausch unterstützt. Diese Visionen regen dazu an, über die zukünftige Rolle von Kunst, Technologie und Kreativität im Bildungswesen nachzudenken.

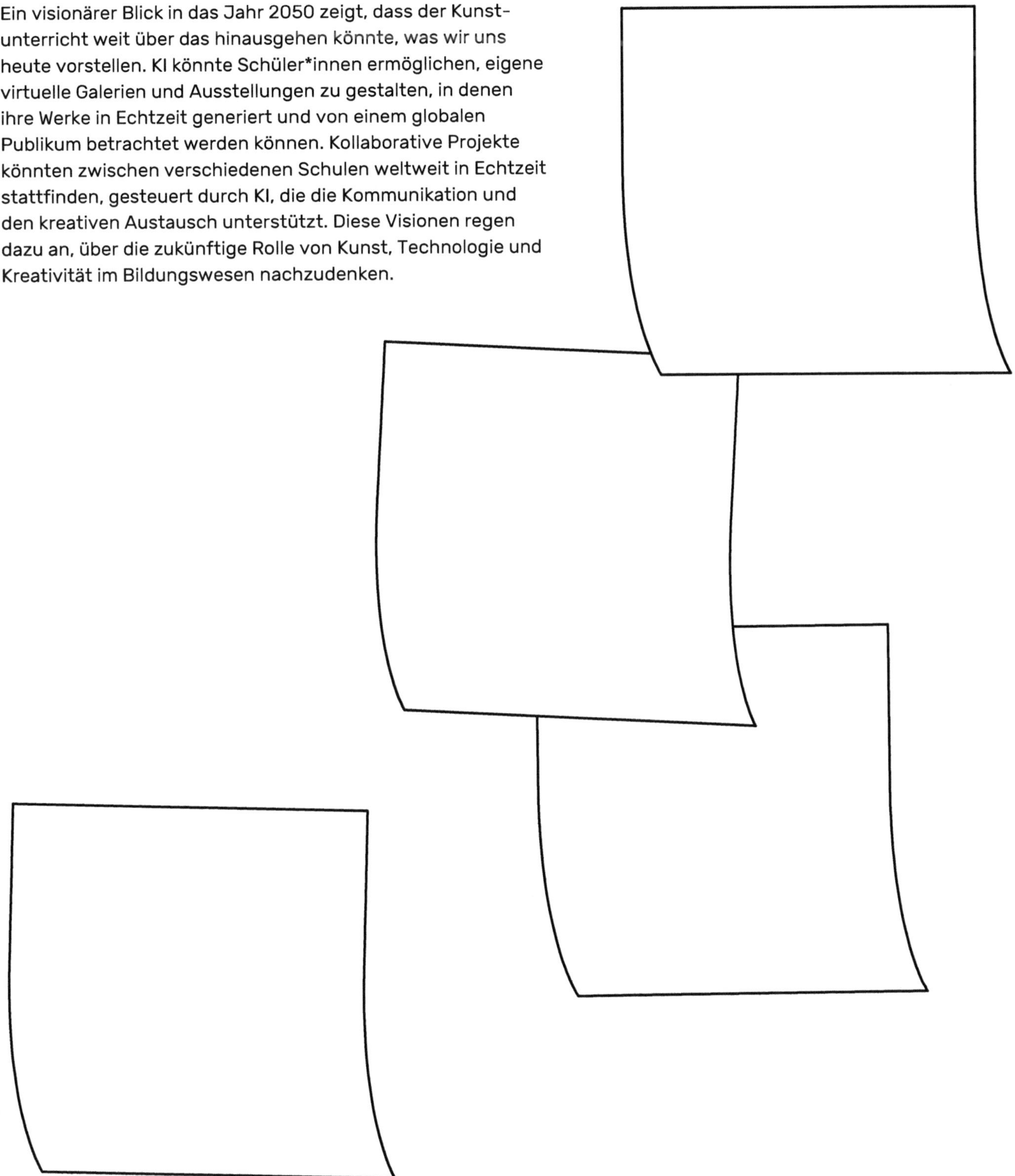

MITWIRKENDE

Constanze Martina Bahlo beschäftigt sich in ihrer künstlerischen Praxis mit Video, Fotografie und Keramik. Sie arbeitet zu den Themen: Trauma, Erinnerung, Herkunft, Sprache und Heimatverlust.
Ihre Kunst präsentiert sie in Form von Installationen und Filmen.
Sie arbeitet als Künstlerin, Kunstvermittlerin und Lehrerin.

Instagram: @constanzemartina

Natalie Boos ist eine deutsche Künstlerin, die sich vor allem mit Fotografie, Video, Musik und bildlich-konzeptueller Arbeit beschäftigt. Ihre kritischen, oft humorvollen Arbeiten untersuchen Themen wie Gender, Popkultur, Kommunikation, medialen Einflüssen und ökologischen Fragen. Sie hat Ausstellungen auf der ganzen Welt und hat viele Preise für ihre Arbeiten erhalten.

Marc Engenhart studierte Fotografie und visuelle Kommunikation. 2005 Gründung des Engenhart ° Design Studio. Arbeit an Projekten im angewandten Kommunikationsdesign, der Interaktionsgestaltung, Szenografie, Musikinstallation, spekulativem Design, Critical Design sowie Transmedia. Diverse nationale und internationale Auszeichnungen. Seit 1990 musikschaffend in unterschiedlichen Gruppen wie dem Remix Label Apricolypse. Seit 2015 Lehre und Forschung an Hochschulen und Universitäten im Bereich Kommunikationsdesign, Interaktionsgestaltung, Human-Computer-Interaction und Typografie. Seit 2019 freier Autor zum Thema spekulatives Design für @theunthinkablehub , Koautor von Design und künstliche Intelligenz, Gründer der Konferenz Designing with Artificial Intelligence (dai) und Kogründer des Kulturformats @playtimealbumsessions.

Sarah Felcman studiert Sonderpädagogik an der PH Ludwigsburg mit den Fächern Kunst und Deutsch. Künstlerisch probiert sie sich gerne in vielen Bereichen aus, von digitaler Kunst über Acrylmalerei bis hin zu Fotografie, und ist immer offen für Neues!

Leo Geodert ist 24 Jahre alt und kommt ursprünglich von der Mosel in Rheinland-Pfalz. Seit 2022 studiert er Lehramt, in Stuttgart. Besonders wichtig ist ihm Kunst: "Malen ist meine Art, abzuschalten und den Alltag hinter mir zu lassen. Es ist für mich eine Form der Therapie. Durch das gemeinsame kreative Schaffen habe ich außerdem enge Freundschaften aufgebaut, die mir sehr viel bedeuten."

Nadja Hieber studiert Englisch und Mathematik auf Lehramt an der Universität Stuttgart. Sie interessiert sich für verschiedene Perspektiven auf didaktische Methoden, pädagogische Fragen und das System Schule. Sie will ihrer Neugier nach innovativen Ansätzen in der Bildung, insbesondere im Bezug auf die Potentiale der Digitalisierung, nachgehen und gibt diese als Co-Host des TeachPodcast anderen Lehramtsstudierenden weiter.

Fabian Kappes studiert Englisch und Politikwissenschaft auf Lehramt an der Universität Stuttgart. Durch seine hohe Medienaffinität arbeitete er bereits in der Werbefilm-Industrie und produziert jetzt den TeachPodcast und moderiert diesen als Co-Host. Nach vielen Jahren in der Jugendarbeit vermisst er einen Praxisbezug im Lehramtsstudium und will sein Interesse über den Tellerrand hinaus mit anderen Lehramtsstudierenden durch den TeachPodcast teilen.

Aslihan Kuraner

Elisabeth Mayer

Kunst, wie ich sie verstehe, ist immer die Realisierung der Vision eines kreativen Impulses. KI bietet uns heute die Chance, Werkzeuge zu erschaffen, die menschliche Kreativität nicht nur unterstützen, sondern auch neue Perspektiven eröffnen. Sich damit zu beschäftigen, entsprang also dem Wunsch, die Schnittstelle zwischen Technologie und Kreativität zu erforschen. Vor allem die bildende Kunst bietet eine unvergleichliche Plattform, um menschliche Emotionen, Ideen und Sehnsüchte zu erkunden - Im besten Fall bedeutet das Arbeiten mit einer KI also, die technische Präzision und Kraft der Maschine mit der sensiblen Intuition dieser Kunst zu vereinen.

Sofia Mobilia geb. am 31. März 1999, studiert seit 2018 künstlerisches Lehramt an der Staatlichen Akademie der Bildenden Künste Stuttgart, der Accademia di Belle Arti di Venezia und der San Diego State University in Kalifornien. Ihre Auseinandersetzung mit Perspektive äußert sich in Zeichnungen, Druckgrafik, Fotografie sowie installativen Arbeiten.

Nina Mülhens ist Mitgründerin und Geschäftsführerin von DigitalSchoolStory. Als Co-Gründerin von DigitalSchoolStory hat sie das Social Bildungs-Start-up zum Leben erweckt und entwickelt es mit einem mittlerweile über 100-köpfigem Team stetig weiter. Die kreativitätsfördernde Lernmethode verankert neue Lernwege praktisch und realitätsnah in der Schule, um Schüler:innen von reinen Social Media-Konsument:innen zu aktiven Gestalter:innen zu entwickeln. Durch DigitalSchoolStory lernen Schüler:innen der Klassen 5 bis 13, diese Fähigkeiten durch eigenverantwortliches Arbeiten und kreative Videoproduktionen zu erlangen. DigitalSchoolStory verknüpft die Lebenswelt der Heranwachsender mit dem Schulunterricht und fördert so persönliche, soziale und methodische Kompetenzen. Die wissenschaftlich evaluierte Lernmethode wird bundesweit in (Berufs)Schulen und Universitäten eingesetzt.

Alisson Riek Ich bin Grafikdesignerin Digital und Webdesignerin. Ich komme ursprünglich aus Mexiko, ich lebe seit 5 Jahren in Deutschland. Design ist für mich eine Sprache und deshalb bin ich fasziniert von Design und neuen Technologien. Ich bin spezialisiert auf Visualisierung und User Experience. Ich bin eine charismatische Person, die es liebt zu lernen und zu helfen, deshalb arbeite ich bei Maker Space experimenta, weil es dort immer neue Dinge zu lernen und Menschen bei ihren Projekten zu unterstützen vorgibt. Ich arbeite auch gerne an meinen privaten Projekten und Workshops. Mein neuestes Projekt war die Gestaltung der Website des Maker Space experimeta. Derzeit arbeite ich am Scannen und 3D-Drucken mit Sinterdrucker von verschiedenen Objekten, wie z.B. einem Picasso aus dem Museum Heilbronn. Dieser wird auch mit Hilfe von KI modelliert

Ansgar Schwarzer studiert im Master Kunst und Theologie auf Lehramt. In seiner künstlerischen Arbeit setzt er sich mit dem Phänomen des (Anti-)Helden auseinander. Dabei stehen Mittelalterliche Figuren wie die des armen Heinrichs, oder des alttestamentarischen Hiob, im kontrastreichen Dialog zu Elementen des Hip Hop-Tanzes und Raps

Phil Splash ist Künstler, Web Developer und Senior Art Director. 2015 hat er von der Presse den Titel „Der Millionen Maler" erhalten. Seit er 2010 damit begonnen hat, Portraits von Menschen in der U-Bahn zu zeichnen, ist es sein Lebensziel, 1 Million Menschen zu portraitieren. Er hat bereits über 300.000 Portraits gezeichnet und Aktionen für Weltmarken wie Calvin Klein, Lavazza, MacCosmetics und Siemens gestaltet. Über seine Aktionen wurde landesweit berichtet (RTL, ZDF, Süddeutsche Zeitung, BILD).

Für viele seiner Werke verwendet der Künstler AI Tools wie ChatGPT, Claude. ai, Krea.ai, Midjourney und Hypersketch. Er verwendet die Tools für:

- Entwicklung von Ideen & Konzepten
- Generierung von Bildideen und Kompositionen
- Erstellung von Postings für Social Media
- Generierung von Avataren und Charakteren

Künstler Website: Phil-Splash.de

Florian J. R. Staudenmaier, am 27. Mai 1999 in Bietigheim-Bissingen geboren, studiert der Künstler seit 2019 an der Staatlichen Akademie der Bildenden Künste in Stuttgart. Seit 2020 ist er Schüler in der Klasse von Prof. Ricarda Roggan, wobei sein Schwerpunkt in der Fotografie liegt.

Amanda Waterloo ist Kindheitspädagogin und momentan in einer Kita berufstätig. Sie war schon immer sehr kreativ in den Bereichen Zeichnen, Malen und Basteln. Mit wenig Vorwissen und Interesse im technischen Bereich, ist es für sie besonders spannend gewesen, ihre kreative zeichnerische Seite mit technischen Tools und KI für das Lehramtsseminar zu verbinden.

Teilnehmer*innen des Seminars von Rich Powers:

Kristina Ambarian

Faruk Erem Aysu

Eugene Conrads

Maria Gianaki

David Kleinert

Athanasios Koukourakis

Sumeja Kovacevic

Anna-Suzette Pfeiffer

Konstantinos Paparodopoulos

Laura Orlich

Jan Rauscher

Muhammed Mecid Sahin

Nathalie Sarder

Nives Smolcic

Tony Steinborn

Nina Welsch

Bettina Gärtner ist Akademische Mitarbeiterin an der Staatlichen Akademie der Bildenden Künste Stuttgart, der ABK, und lehrt Fachdidaktik für Kunst-Lehramtsstudierende. Im Rahmen des Forschungsprojekt "KuMuS ProNeD" des Kompetenzverbunds "lernen:digital" ist sie Teil eines Netzwerks, das adaptive, handlungsbezogene und digitale Innovationen in der Lehrkräftebildung der Fächer Kunst, Musik und Sport fördert.

Kompetenzverbund **lernen:digital**; Wissenschaft und Praxis im Dialog: *https://lernen.digital/*

KuMuS-ProNeD: Fortbildungen und Future Innovation Hub *https://lernen.digital/verbuende/kumus-proned/*

Innovationsinitiative **KOALA**: *https://www.pse-stuttgart-ludwigsburg.de/projekte/koala/innovationsinitiativen/*

Ismael Rittmann studiert Architektur an der Staatlichen Akademie der Bildenden Künste Stuttgart. Kreativität in jeglicher Form und Gestalt war schon immer ein wesentlicher Bestandteil seines Lebens, weshalb er an zahlreichen grafischen, künstlerischen und audiovisuellen Projekten beteiligt ist, die über sein Studienfach hinausgehen. Seit Ende 2020 ist er als studentischer Assistent im ABK FAB LAB tätig und unter anderem verantwortlich für die grafische Aufbereitung von COGITO.

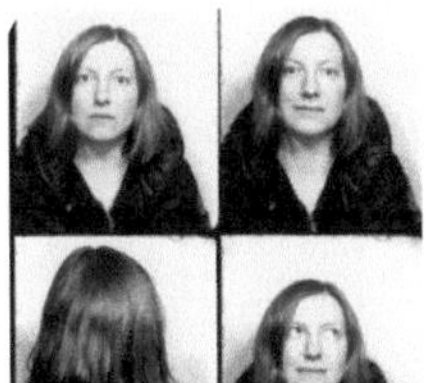

Miriam Häfele, Illustratorin TeachPodcast

Miriam Häfele ist freischaffende Illustratorin und lebt in Stuttgart. Sie hat an der ABK Stuttgart Kommunikationsdesign studiert. Miriams Arbeiten wurden unter anderem im Süddeutsche Zeitung Magazin veröffentlicht.

http://miriamhaefele-illustration.de

Rich Powers unterrichtet Lehramtsstudierende an der Universität Stuttgart in creative writing, KI, Mediendidaktik, Universal Design for Learning (UDL) und Barrierefreiheit. Er begann 1991 an der Universität Stuttgart amerikanische Literatur und Kultur zu unterrichten. Er arbeitet international mit eTwinning-Projekten in ganz Europa zusammen, für die die PSE 2023 den europäischen Preis gewann. Für seine herausragende Lehrtätigkeit wurde er 2022 mit dem Lehrpreis der Universität Stuttgart ausgezeichnet.

Candy Adusei ist Linguistin, Pädagogin und Projektkoordinatorin mit Leidenschaft für die Verknüpfungen zwischen Sprache, Literatur und Technologie. Als leitende Redakteurin der ersten Ausgabe von Cogito spielte sie eine entscheidende Rolle bei der Gestaltung dieser einzigartigen Schnittmenge von KI, Kunst und Literatur. Für die zweite Ausgabe fungierte Candy als abschließende Prüferin der Creative Writing Texte und hat damit die außergewöhnliche Arbeit des engagierten Teams hinter dieser Publikation finalisiert. Sie ist begeistert, dass Cogito seine Reise als Plattform für Innovation und Kreativität fortsetzt.

Das Hochschulmagazin „COGITO VOL.2 - KI küsst Kunst" bietet Einblicke in die Entwicklungen und Anwendungsmöglichkeiten von Künstlicher Intelligenz (KI) im Kunstunterricht. Es enthält Praxisprojekte von Studierenden, aktuelle KI-News, nützliche Tools und praktische Hacks für den Unterricht sowie Literaturbeiträge zum Thema KI. Diese Mischung aus Theorie, Praxis und Tipps inspiriert Lehramtsstudierende und Lehrende, KI in ihre Lehrkonzepte zu integrieren und Schüler*innen interaktiv in technikgestützte Lernprozesse einzubinden.

Herausgeber: Bettina Gärtner und Rich Powers

MAD Lab: www.make-art-digital.de

professional
school of
education
stuttgart
ludwigsburg

GEFÖRDERT VOM